Le Mississippi et ses Bords. —————————————

Revue des Deux Mondes, 15 juillet et 1 août 1859

LE MISSISSIPI

ÉTUDES ET SOUVENIRS

I.

LE COURS SUPÉRIEUR DU FLEUVE.

Le Mississipi est peut-être le type le plus simple de tous les grands fleuves. Il ne prend point sa source dans les glaciers d'une haute chaîne de montagnes, comme la plupart des cours d'eau de l'Europe et de l'Asie; il n'arrose point, comme l'Euphrate, le Nil ou le Rhin, des campagnes que les guerres et les événemens de l'histoire ont rendues célèbres : il ne relève que de lui-même, et ne doit rien ni à l'histoire, ni à la fable. Son importance, il la tire surtout des changemens qu'il opère dans la configuration du continent nord-américain, de l'énorme quantité de travail qu'il accomplit chaque jour. Tout indique que le cours même de ce fleuve et la forme du delta mississipien auront une influence décisive sur le développement social d'une grande partie des États-Unis. Entre le réseau hydrographique d'un pays et son histoire, il n'y a pas en effet une relation moins intime qu'entre le système sanguin d'un animal et ses mœurs. Le fleuve est le pays vivant, agissant, se transformant. En roulant ses flots, il porte aussi des hommes et des idées, et les alluvions de sable et de boue déposées à son embouchure sont un symbole des alluvions historiques formées par les générations successives des peuples qui en habitent les bords.

Il n'y a guère pourtant qu'une trentaine d'années qu'un savant explorateur, Schoolcraft, en a découvert la véritable source, et l'on peut dire que la monographie du Mississipi est à peine ébauchée, même en Amérique. C'est en prévision de l'importance historique future du Mississipi qu'il serait bon d'en connaître le cours au point de vue géographique. Quel est ce vaste bassin où l'Européen n'a planté sa tente qu'hier et où l'on entend déjà frémir un grand peuple? Deux années de courses et de recherches scientifiques dans les régions baignées par ce fleuve hier solitaire, aujourd'hui bordé de villes, nous encouragent à poser cette question en essayant d'y répondre, car c'est en vivant avec le Mississipi lui-même qu'on peut l'étudier, et qu'on apprend même à l'aimer comme s'il avait une existence personnelle. Le cours supérieur, puis le delta du fleuve, indiquent le double objet ainsi que le plan de cette monographie.

I.

Le Mississipi est par excellence l'artère fluviale de l'Amérique du Nord, et les contours de son bassin sont en parfaite harmonie avec les contours et le relief du continent tout entier. A l'occident les Montagnes-Rocheuses et le plateau d'Utah, à l'orient les plissemens parallèles des Alleghanys sont les rebords extérieurs de la grande dépression qui s'étend depuis la baie de Baffin jusqu'au golfe du Mexique. Le Mississipi et ses affluens occupent la plus grande partie de cette dépression centrale, et les autres cours d'eau qui prennent leur source dans le voisinage de celle du Mississipi, pour s'écouler ensuite lentement de lac en lac vers l'Océan-Glacial, pourraient être considérés comme une continuation du grand fleuve : ils en sont, à vrai dire, le complément géographique, et ils en prolongent le cours en sens inverse d'une mer à l'autre mer. Lors même qu'on voudrait restreindre strictement le Mississipi aux limites de son bassin actuel, il serait impossible de comparer les plateaux arides d'Utah et du Nouveau-Mexique, ou les solitudes à demi submergées de la Nouvelle-Bretagne, à la vaste et fertile région mississipienne, car ce n'est pas la superficie, c'est surtout les rapports des territoires avec la vie de l'humanité qu'il faut considérer pour en apprécier la véritable importance géographique. Ainsi ni le Mackenzie, ni la Colombie, ni la Rivière-Rouge du Nord ne peuvent se comparer au Mississipi, et, malgré la masse de ses eaux, le Saint-Laurent lui-même occupe un rang tout à fait secondaire; son bassin est comparativement limité, et d'ailleurs les grands lacs du Canada auxquels il sert de déversoir semblent avoir appartenu au Mississipi pendant une longue succession d'âges géologiques. En outre, le Saint-Laurent suit une direction transversale au continent; c'est l'artère du Canada, et pas autre chose.

Si l'étude du relief des terres donne incontestablement le premier rang au Mississipi parmi les fleuves de l'Amérique du Nord, le simple examen de la direction des cours d'eau confirme également l'importance de ce fleuve dans l'économie du continent. Dans cette partie du monde, il y a deux centres de rayonnement, deux points d'où les eaux descendent suivant leur pente pour aller se perdre dans les mers opposées. L'un de ces centres de rayonnement se trouve dans un massif de montagnes, et l'autre dans un renflement graduel et insensible des plaines centrales. Vers le 44ᵉ degré de latitude, au milieu des Rocheuses, les sources de la Colombie, du Colorado, du Missouri, principal affluent du Mississipi, jaillissent du sol à peu de distance l'une de l'autre; un peu plus au sud, le Rio-Grande prend également son origine, complétant ainsi la dispersion des eaux autour du massif des Rocheuses. Le centre de rayonnement des fleuves de plaine est situé un peu à l'ouest du Lac-Supérieur, dans cette région à demi inondée où se rencontrent les lacs Rouge, des Bois, Itasca, Leech, et tant d'autres nappes d'eau douce que le moindre soulèvement ferait se déverser dans la mer et qu'une légère dépression transformerait en une vaste mer intérieure. C'est là que se trouvent les sources du Haut-Mississipi, celles du Saint-Laurent et celles de la Rivière-Rouge du Nord, fleuve qui se continue en quelque sorte jusqu'au Mackenzie par ce long enchaînement de lacs et de rivières paresseuses qui s'étend jusqu'à la Mer-Glaciale. Ainsi le Mississipi descend à la fois des deux centres de rayonnement, et les relie l'un à l'autre par son gigantesque développement. Fleuve de montagne par le Missouri, fleuve de plaine par la partie supérieure de son cours, il est essentiellement double : dans son bassin viennent se confondre les eaux venues de tous les points du continent, celles des Rocheuses, des Alleghanys et des grands lacs du nord.

On a longtemps disputé, mais à tort, ce me semble, pour savoir si le nom de Missouri ne reviendrait pas de droit au grand fleuve. Les géographes qui voudraient débaptiser le Mississipi n'ont été frappés que d'un fait d'une importance relativement minime, la distance de la source à l'embouchure exprimée en lieues ou en kilomètres. La géographie n'est pas la géométrie; la longueur du cours, la masse des eaux, sont des faits secondaires, quand il s'agit de classer les fleuves et d'en déterminer la véritable origine. C'est avant tout la direction des bassins, l'inclinaison générale des pentes, la disposition des couches, qu'il faut étudier. A ce point de vue, il est évident que le Bas-Mississipi est la continuation du Haut-Mississipi, et non pas celle du Missouri. Du lac Itasca jusqu'à la mer, le grand fleuve occupe toujours le centre du bassin, et coule entre les deux chaînes parallèles des Alleghanys et des Rocheuses, tandis que le Missouri descend transversalement à l'inclinaison du bassin. En outre, le Mississipi garde toujours le même caractère; ses bords se ressemblent merveilleusement du lac Itasca à la Balize, sur une longueur de plus de 5,000 kilomètres : savanes ou prairies, forêts de pins ou forêts de *cyprès* (*cupressus disticha*), l'horizon reste toujours le même, autant du moins que le permet la différence des latitudes, tandis que les sombres défilés du Missouri et ses puissantes cataractes, les scories et les laves de ses rives, donnent à ce dernier cours d'eau une physionomie tout à fait distincte. Géologiquement, le Missouri n'est qu'un simple affluent.

Le Mississipi fut découvert par Hernando de Soto pendant l'expédition aventureuse qu'il avait entreprise pour faire la conquête du *royaume d'Eldorado* et de la *fontaine de Jouvence*. Hernando ne trouva que la mort dans ce voyage, où la hardiesse touchait au délire, et son cadavre fut jeté par ses compagnons dans les eaux bourbeuses du fleuve sur les bords duquel il avait espéré trouver l'immortalité. Un seul homme resta de cette armée de braves, et put raconter au vice-roi du Mexique les découvertes et les exploits de Soto; mais le gouvernement espagnol voulut se réserver avec un soin jaloux la connaissance du nouveau fleuve, et sut si bien en cacher l'existence aux autres nations, qu'il fut réservé au Français Marquette d'en faire la découverte réelle pour le reste du monde. Ce voyageur, trompé par les fausses idées géographiques du temps, qui faisaient considérer les rivières comme des passages d'une mer à l'autre, crut avoir découvert le chemin des Indes, et se laissa dériver au gré du courant, dans l'espérance d'aborder près de Calicut ou de Goa. Plus tard, Cavelier de La Salle atteignait l'embouchure du Mississipi, et le roi Louis XIV lui assurait les moyens de fonder une colonie dans les nouvelles contrées acquises à sa couronne; mais La Salle, qui était revenu en France annoncer sa découverte, n'eut pas le bonheur de retrouver les bouches du Mississipi, et alla échouer sur les côtes du Texas, où il fut assassiné par ses compagnons. Le nom de fleuve-Colbert, qu'il avait donné au grand cours d'eau, ne lui est pas resté, non plus que celui de Meschacébé ou *père des fleuves* dont M. de Chateaubriand l'a décoré plus tard. Le vrai nom, *Missi-Sepe*, signifie tout simplement *grand fleuve* dans le langage des Algonquins. D'autres Indiens l'appelaient aussi *Cicuaga*.

Depuis 1832, grâce à Schoolcraft, on sait que la source du Mississipi est le lac Itasca, plus connu des voyageurs canadiens sous le nom de La Biche. Ce lac est situé dans la région légèrement ondulée où s'opère la séparation des eaux entre l'Océan-Glacial, l'Atlantique et le golfe du Mexique. Il est élevé d'environ 520 mètres au-dessus du niveau de la mer, et son effluent ne va rejoindre le golfe qu'après avoir parcouru une distance de 5,085 kilomètres, avec une pente moyenne d'un décimètre par kilomètre. Le ruisseau qui plus tard deviendra le grand Mississipi a seulement 4 mètres de largeur à son origine; mais bientôt après, il reçoit l'effluent du lac Leech ou Sangsue, et commence à prendre son véritable caractère. Pendant la première partie de son cours, il traverse des prairies humides couvertes de riz sauvage, de joncs et d'iris, au milieu desquels se cachent d'innombrables bandes d'oiseaux aquatiques. Plus bas, des rapides de Peckagama aux chutes de Saint-Antoine, le Mississipi passe à travers d'immenses forêts d'ormes, d'érables, de bouleaux et de chênes, et si ce n'était la différence de température, on pourrait se croire dans la Basse-Louisiane, tant les rives du fleuve se ressemblent à 4,000 kilomètres de distance. C'est le seul endroit du Mississipi où vienne encore errer le buffle; mais dans quelques années le pauvre animal pourchassé y deviendra sans doute un mythe comme le puissant mastodonte, le *père aux bœufs* des Indiens. Les rapides de Peckagama et la chute de Saint-Antoine changent à peine la physionomie du fleuve, et le peu d'écume qu'ils mêlent à ces eaux si tranquilles et si unies s'est bientôt perdue. Puis le fleuve poursuit son cours de méandre en méandre, sous l'ombrage de vastes forêts, tantôt s'épanouissant en lac autour des îles vertes, tantôt venant se heurter à la base des falaises à pic sur lesquelles on peut lire encore, à un kilomètre de distance, les grossiers hiéroglyphes des Algonquins. Il reçoit en passant de nombreuses rivières : à droite le Minnesota, à l'embouchure duquel se trouve la florissante ville de Saint-Paul, le Cèdre, le Turkey, l'Iowa, le Desmoines; à gauche, le Wisconsin, la Sainte-Croix, le Rock et la Rivière des Illinois. Toutes ces eaux grossissent tellement le Mississipi, que, bien avant sa jonction avec le Missouri, il est aussi large qu'il le sera de Saint-Louis jusqu'au golfe du Mexique. Cependant son cours est encore embarrassé de bancs de sable, et sa profondeur est à l'étiage de 120 centimètres au plus. Pendant la saison des eaux basses, le service des bateaux à vapeur est à peu près interrompu. Les prairies basses que l'on rencontre de distance en distance sur les rives du fleuve sont évidemment d'anciens lacs desséchés, et, sous le rapport géologique, ne diffèrent en rien du lac Pepin, que le Mississipi traverse dans la partie supérieure de son cours. Un jour aussi, ce lac sera desséché et transformé en une savane marécageuse; du reste, il est si étroit, qu'il peut être considéré comme une simple expansion du fleuve. Il n'a de nos lacs alpestres ni la profondeur, ni les beaux horizons, ni le reflet des montagnes neigeuses : il n'est qu'une inondation permanente.

A deux ou trois milles en aval de la charmante ville d'Alton s'o-

père la jonction du Mississipi et de son gigantesque rival le Missouri.
Le confluent offre un magnifique spectacle pendant la saison des
crues, alors que les deux courans, larges de plus d'un kilomètre
chacun, viennent avec rapidité se heurter l'un contre l'autre, et
tordre leurs eaux en vastes tourbillons. La ligne ondulée qui sépare
l'eau jaune du Missouri de l'eau bleue du Mississipi change incessamment ses courbes et ses spirales selon la direction et la force
des remous. Là se rencontrent les troncs épars ou les radeaux naturels qui descendent les deux fleuves en longues processions; ils
s'entremêlent et forment d'immenses rondes sur la ligne changeante
des remous, jusqu'à ce qu'une vague les détache et les emporte
dans le courant commun. A la ligne même du confluent, l'eau du
Missouri, pesante d'alluvions, s'introduit comme un levier sous
l'eau plus limpide du Mississipi et remonte en gros bouillons que
l'on dirait solides, et qui ont l'aspect du marbre. Longtemps les
deux fleuves roulent côte à côte, sans se mélanger d'une manière
complète, et, bien loin en aval du confluent, on voit encore l'eau
relativement pure du Mississipi ramper le long de la rive gauche.
A la fin, l'union s'opère, et le courant, tout chargé d'argile en
suspension, roule vers la mer comme une énorme masse de boue
liquide. C'en est fait de la transparence de l'eau : les jeux de lumière, les reflets cristallins, cessent de prêter leur charme aux flots
du Mississipi. Aussi les Indiens, effrayés sans doute des abîmes cachés sous la surface du fleuve, n'ont jamais placé dans son sein de
divinités bienfaisantes. Dans leur mythologie barbare, ils en ont
fait un royaume infernal, où siégeaient de terribles *manitous*, environnés de serpens et de monstres plus affreux encore.

Chacun des grands affluens du Mississipi a sa physionomie propre
qu'on essaiera de décrire. Le Missouri surtout est digne de l'attention du voyageur et du savant; bien peu d'explorateurs pourtant ont
jusqu'à ce jour visité les sources de ce puissant fleuve. La principale
est située à moins de 2 kilomètres de l'origine du fleuve Colombie, et
de cette source jusqu'à l'embouchure du Mississipi on compte approximativement 7,000 kilomètres de distance. Si cette longueur
était développée en ligne droite sur un méridien terrestre, elle s'étendrait à travers 63 degrés de latitude depuis l'équateur jusqu'au
milieu du Groënland; mais les détours du Missouri sont tellement
nombreux qu'il ne traverse en réalité que 18 degrés de latitude. Il
est très probable que le Missouri-Mississipi est le plus long fleuve
de la terre, qu'il dépasse même en longueur le Nil, dont les sources
semblent reculer à mesure qu'on en remonte le cours. Le Missouri
proprement dit est formé par la réunion de trois torrens, le Madison,
le Jefferson et le Gallatin. Dans sa partie supérieure, il traverse un
terrain volcanique, fracturé par des tremblemens de terre; sur ses

plages, la pierre ponce et les débris de lave se mêlent aux cailloux roulés et au sable granitique. Presque partout il coule à une grande profondeur dans un *cañon* ou *kenyon*, gorge étroite que la rivière a évidemment creusée dans le roc vif, à mesure que la chaîne des Rocheuses et le continent qui sert de base à ces montagnes s'élevaient au-dessus de la mer. C'est entre les derniers contre-forts de la chaîne volcanique, dans une gorge sauvage appelée la *porte des Rocheuses*, que le Missouri a fait, pour s'ouvrir une issue, son travail géologique le plus grandiose. Sur une longueur de 9 kilomètres, les rochers s'élèvent perpendiculairement du bord de la rivière jusqu'à une hauteur d'environ 400 mètres. Le lit du fleuve est tellement encaissé entre ces sombres parois, qu'il a tout au plus 160 mètres de large, et de loin en loin seulement l'on peut trouver entre la muraille de rocs et le courant de l'eau un point d'appui assez large pour qu'un homme puisse s'y tenir debout.

Le Missouri traverse ensuite une région désolée que les Canadiens appellent du nom significatif de *mauvaises terres*. Sur une étendue d'environ 7,500 kilomètres carrés se groupent en désordre des collines plus ou moins pyramidales que l'on prendrait de loin pour les tours ruinées d'une cité gigantesque. En certains endroits, ces tours naturelles sont tellement rapprochées que le voyageur pourrait se croire transporté dans une des rues étroites des anciennes villes d'Allemagne. Les cimes de ces hautes protubérances sont parfaitement unies et s'élèvent toutes à la même hauteur, comme si un immense niveau eût passé sur elles toutes à la fois; sur leurs flancs, les stratifications, diversement colorées, d'argile et de sable ferrugineux se retrouvent également à la même élévation. La nature des couches prouve que jadis le sommet des collines actuelles était le fond d'un lac, et que l'exhaussement graduel du continent a forcé les eaux de ce lac à se creuser dans le sol friable une foule de *kenyons* irréguliers dirigés vers le Missouri et le Yellow-Stone. Peut-être aussi des mouvemens volcaniques ont-ils aidé à former des ravines en fracturant le sol, car on trouve dans le voisinage des *mauvaises terres* des amas énormes de pierres ponces, et, d'après Audubon, on y voit aussi un volcan en pleine activité, dont la tête est souvent environnée de fumée et de flammes rougeâtres. Ce pays aride est presque entièrement dépourvu d'eau et de végétation; il est encore bien peu visité, et peut-être sera-t-il traversé par le chemin de fer du Pacifique avant même que la topographie en soit bien connue.

Le Missouri n'entre réellement dans la grande vallée mississipienne qu'après avoir franchi les cataractes. Là, un vaste banc de rochers traverse le lit du fleuve, et celui-ci se fait une issue vers la plaine par une succession de sauts et de rapides d'une hauteur totale de 110 mètres, espacés de distance en distance sur une longueur de 26 kilomètres. Ces belles cataractes offrent une succession de paysages magnifiques, et n'attendent que les visites de la foule pour rivaliser de gloire avec le Niagara. Pendant la saison des crues, de petits bateaux à vapeur remontent jusqu'au pied même de la quatrième chute, dont la hauteur est de 27 mètres; mais le pays est encore trop désert pour attirer soit les savans, soit les touristes désœuvrés. Au-dessous des cataractes, le Missouri perd son caractère de fleuve de montagne et devient simplement un autre Mississipi. Comme ce fleuve, il erre incessamment dans les campagnes à la recherche d'un lit, ici formant des méandres presque entièrement circulaires, ailleurs se frayant un passage à travers un isthme étroit et laissant à droite et à gauche des tronçons de rivière, transformant les presqu'îles en îles, en bancs de sable ou en lagunes, creusant la base des collines et déracinant les forêts. Comme le Mississipi, il engloutit de vastes rivières telles que le Nebraska, le Kansas et la Gasconnade, sans que la masse de ses eaux en paraisse augmentée. Enfin, chargé des alluvions du terrain crétacé qu'il traverse, il va par une embouchure changeante se déverser dans le Mississipi, cette grande aorte de l'Amérique du Nord.

II.

A une trentaine de kilomètres au-dessous du confluent s'élève la ville de Saint-Louis, qui a déjà une population de 120,000 habitans, et qui aspire à devenir la capitale des États-Unis. En effet, sa position géographique est admirable. Riche de ses ressources agricoles et des inépuisables trésors que lui offrent les forêts, les houillères, les mines de plomb et les montagnes de fer, Saint-Louis possède d'autres sources de richesse incomparables dans les magnifiques avenues commerciales que lui ouvrent le Mississipi et ses affluens. Aux environs de Saint-Louis, la vallée transversale qui s'étend des Rocheuses aux Alleghanys, depuis les sources du Missouri jusqu'à celles de l'Ohio, coupe à angle droit la vallée longitudinale du Mississipi. C'est là que viennent se rencontrer les quatre branches formées par le système fluvial des États-Unis : au nord, le Haut-Mississipi, dont la source s'échappe d'un lac silencieux ombragé par de tristes forêts de pins; au sud, le Bas-Mississipi, traversant des pays d'alluvions riches en productions presque tropicales; à l'est, l'Ohio, arrosant une région populeuse parsemée de villes et de fabriques; à l'ouest, le Missouri, arrivant des profondeurs inexplorées du désert.

Bien que Saint-Louis occupe le vrai centre des États-Unis sous le rapport hydrographique, cependant il n'est pas encore le centre de population, c'est-à-dire le point autour duquel le nombre des habi-

tans de l'Amérique du Nord se fait équilibre dans tous les sens. Les
premiers colons s'établirent tous sur les rivages de l'Atlantique,
au pied de la chaîne des Alleghanys, dans une étroite zone qui,
par suite de sa grande longueur, se partagea tout naturellement,
comme l'Italie, en plusieurs états distincts, et fit à ses habitans
une nécessité géographique de l'organisation fédérale. Quand les
Américains fondèrent la ville de Washington pour en faire la capitale commune des états indépendans, c'était là que se trouvait en
effet le vrai centre de population de la république; mais dès la fin
du siècle dernier l'émigration se porta vers les fertiles plaines de
l'Ohio, et le centre de gravité politique se déplaça vers l'ouest. En
1820, ce point avait déjà dépassé la chaîne des Alleghanys; en
1850, il traversait l'Ohio près de la ville de Marietta, et de nos
jours il continue à s'avancer incessamment vers l'ouest à raison
d'environ 6 kilomètres par an. C'est évidemment aux environs de
Saint-Louis que ce point établira définitivement son mouvement
d'oscillation, car en étudiant le territoire des États-Unis, ses dimensions, sa fertilité, les phénomènes de son climat, on trouve que les
contrées situées soit au nord, au sud, à l'est ou à l'ouest de Saint-
Louis, sont à peu près équivalentes en importance, et devront tôt
ou tard nourrir le même nombre d'habitans. Saint-Louis n'est pas
le centre géométrique des États-Unis, mais il n'en est pas moins le
centre géographique. En effet, les plaines arides du Nebraska, les
plateaux desséchés d'Utah et le versant montagneux du Pacifique
feront un jour équilibre, grâce à leur vaste étendue, au bassin fertile de l'Ohio et aux états de l'Atlantique; de même les états du sud,
moins favorisés par le climat et par la salubrité que ceux du nord,
sont beaucoup plus grands et donnent de plus riches produits.

Saint-Louis, jadis ville française, est aujourd'hui complétement
américaine, et la plupart de ses habitans d'origine canadienne ne
parlent plus la langue de leurs ancêtres. Les noms mêmes des loca-
lités voisines ont été presque tous modifiés par la prononciation
anglo-saxonne : c'est ainsi que le village de *Vide-Poche*, où les
jeunes gens allaient autrefois gaiement débourser leurs écus dans
les guinguettes, s'appelle désormais *White-Bush* (buisson blanc);
de la même manière, nos soldats d'Afrique ont changé le nom de
Smendou en celui de *Chemin-Doux*. On ne retrouve plus guère les
colons français que dans les petites villes de l'intérieur, Sainte-
Geneviève, Saint-Charles, Bellevue, Saint-Joseph, Hannibal, et sur
les bords des affluens du Missouri, l'Osage, la Mine, la Gasconnade.
Là ils s'adonnent à l'élève du bétail, à la culture des céréales et de
la vigne, mais surtout à la production des pommes, qui forment
dans ces contrées une des bases de l'alimentation, et, comme le
pain, figurent à chaque repas. Malgré l'aisance que leur procurent

ces travaux et la liberté absolue dont ils jouissent, ces Français semblent généralement tristes; leur regard a une expression douloureuse comme celui de tous les exilés, car la France lointaine n'est plus qu'un rêve pour eux, et leurs puissans voisins leur ravissent peu à peu le langage, les mœurs, tout, sauf le souvenir de la patrie.

La ville de Saint-Louis est souvent appelée *Mound-City* ou Cité des Buttes, à cause des monticules de calcaire blanchâtre qui l'environnent. Les rues sont toutes larges, percées à angle droit : celles qui courent parallèlement au fleuve sont désignées d'après leur numéro d'ordre, tandis que les artères transversales portent chacune le nom d'une espèce d'arbre indigène; il est donc très facile de s'orienter à Saint-Louis, et l'étranger nouvellement débarqué n'y éprouve jamais le même embarras que dans nos villes d'Europe. Cependant un profond ravin, parallèle au Mississipi, coupe la ville en deux parties, et par ses nombreuses branches latérales introduit une certaine irrégularité dans les rues qui l'avoisinent. Sur le bord de ce ravin s'élève un simple hangar, modeste embarcadère du chemin de fer du Pacifique, qui doit traverser un jour le continent tout entier d'une mer à l'autre mer, et, dans ses 4,000 kilomètres de parcours, s'élever graduellement jusqu'aux plateaux salins d'Utah, franchir enfin deux chaines de montagnes, les Rocheuses et la Sierra-Nevada. Cette entreprise, l'une des plus colossales du siècle, a été inaugurée par un baptême de sang que les Américains eux-mêmes, tout blasés qu'ils sont sur le chapitre des accidens, n'ont pu s'empêcher de trouver effrayant. Un matin, les seize directeurs du chemin de fer et les principaux citoyens de Saint-Louis partirent en grande pompe de la gare du ravin pour célébrer l'inauguration du premier tronçon de la voie : la ville était en fête, les maisons étaient pavoisées, le canon tonnait de minute en minute. Le soir, un autre convoi rapportait les cadavres des directeurs et de leurs compagnons : les malheureux avaient été lancés dans la rivière Gasconnade du haut d'un talus de quatre-vingts pieds, et tous avaient été noyés ou écrasés sous les débris des wagons. Aujourd'hui le chemin de fer du Pacifique est terminé jusqu'à la frontière du Kansas, sur une longueur de 500 kilomètres environ.

Quelle que soit l'importance de Saint-Louis, cette grande cité fera bien de ne pas s'endormir dans la sécurité du triomphe, car Chicago, beaucoup plus jeune qu'elle, aspire ouvertement à s'emparer du titre de métropole de l'ouest. Elle ne peut ravir à Saint-Louis ses vastes fonderies et ses forges, mais elle peut lui ôter d'autres branches d'industrie et la primer par son commerce extérieur. Elle a en sa faveur le grand courant de l'immigration et l'esprit d'initiative que donne la liberté. De son côté, Saint-Louis entr'ouvre

les yeux sur les torts immenses que peut lui causer la continuation
de l'esclavage, et déjà elle penche vers l'abolitionisme. Le temps
n'est plus où des habitans de Saint-Louis, faisant irruption sur le
territoire de l'Illinois, allaient saccager les presses d'un journal
abolitioniste d'Alton et brûler la cervelle à l'éditeur. Déjà plusieurs
journaux missouriens ne craignent pas de pousser le cri de guerre
en faveur du travail libre, et les deux partis opposés se balancent
dans les élections de la capitale.

De Saint-Louis aux plantations de la Louisiane, les rives du fleuve
sont en grande partie inhabitées, et les Américains, à part quelques
points privilégiés, n'y apparaissent guère que comme des étrangers, campés depuis quelques années à peine. Aussitôt après avoir
vu disparaître la cité et s'évanouir derrière une pointe la fumée
rougeâtre des fabriques, on pourrait se croire dans les solitudes
immaculées de la nature sauvage. Les forêts bordent les deux rives
du fleuve de leur masse impénétrable, et c'est de lieue en lieue seulement qu'on aperçoit une cabane de branches habitée par quelque
bûcheron; sous l'ombrage se cachent des multitudes de dindons qui
s'envolent avec un bruit d'ailes strident dès que le pas d'un homme
ou le sifflet des bateaux à vapeur vient troubler le silence de leur
retraite. Là cependant où le fleuve, par un vaste détour, vient effleurer une des collines qui bordent sa vallée d'alluvions, on peut voir
un gracieux village éparpiller ses maisonnettes rouges sur les pentes
et les convois de chemin de fer tordre sur la rive la ligne ondu-
leuse de leurs wagons. Alors on pourrait se croire transporté pour
quelques instans sur l'un de ces fleuves d'Europe auxquels les fraîches habitations semées sur les bords donnent un aspect si enchanteur; mais encore quelques tours de roue du navire, une pointe de
sable et de buissons cache le village et la clairière qui l'environne;
toute trace de civilisation disparaît comme par magie, et le bateau
à vapeur semble traverser un lac perdu dans les forêts vierges.

Près du village d'Herculanum, le courant du Mississipi se heurte
aux collines de la rive droite, et pendant une certaine distance il en
a tellement rongé la base, que ces collines offrent du côté du fleuve
des falaises perpendiculaires de 50 ou 60 mètres de hauteur. Le gé-
nie inventif des Américains a chevillé sur le sommet de ces falaises
quelques petites guérites de bois qui servent à la fabrication du
plomb de chasse; mais les phénomènes géologiques que l'on peut
observer sur ces rochers les rendent bien plus remarquables que les
fonderies improvisées par les mineurs de l'ouest. À une certaine
hauteur, la falaise a tout à fait l'apparence d'un ancien monument
d'architecture, et l'on y voit des arcades superposées dont les pleins
cintres sont profondément creusés dans le roc, et dont les colonnes
s'arrondissent en relief sur la paroi d'une manière parfaitement

symétrique. Ces étages de pleins cintres, parallèles et réguliers, sembleraient avoir été taillés de main d'homme, et cependant il est facile d'en expliquer la formation par la théorie des soulèvemens graduels et des lentes dépressions de l'écorce terrestre. En effet, la masse de la falaise semblerait avoir été formée par des couches de sable et d'argile qu'apportaient tour à tour les eaux jaunâtres du Missouri ou les eaux plus limpides du Haut-Mississipi, descendant alternativement par le même canal. Par suite de l'espèce de coction que la chaleur du soleil, l'air ou le poids de nouvelles couches font subir aux alluvions, les couches vaseuses se sont graduellement transformées en couches d'ardoise séparées l'une de l'autre par des assises de sable. Plus tard, les mouvemens du sol ont soulevé au-dessus du fleuve ces assises que l'on voit maintenant se dessiner en longues corniches sur la façade du rocher. A des intervalles réguliers, le simple effet du retrait et l'action des pluies ont formé de grandes fissures verticales dans la paroi du roc, et y ont peu à peu fait pénétrer jusqu'à la base l'argile des couches supérieures; cette argile a également fini par se changer en colonnes verticales d'ardoise. L'espace contenu entre ces colonnes et les corniches horizontales, étant composé d'un grès sablonneux plus ou moins friable, a été excavé par tous les agens atmosphériques, et s'est graduellement écroulé de manière à présenter une succession de pleins cintres réguliers.

Toute cette partie du cours mississipien témoigne que jadis le niveau du fleuve était beaucoup plus élevé relativement aux falaises qui longent sa vallée. A Grand-Tower, rocher en forme de tour qui se dresse au milieu même du courant, on voit à 40 mètres de hauteur au-dessus du fleuve la ligne circulaire d'érosion qu'y ont tracée les eaux. Schoolcraft et d'autres après lui ont supposé que les rochers dont nous voyons aujourd'hui les ruines retenaient autrefois le Mississipi dans un vaste lac, et qu'ils ont été rongés et nivelés par une cataracte incomparablement plus puissante que celle du Niagara. Cela est possible, et nous voyons d'ailleurs le Niagara lui-même occupé à transformer le grand lac Érié en un simple tronçon du fleuve Saint-Laurent; cependant il est bien plus probable encore que la dépression graduelle du niveau mississipien au-dessous de la ligne d'érosion est due entièrement ou en partie au soulèvement du continent nord-américain. A mesure que la couche de rochers subissait son mouvement d'ascension, le fleuve y creusait plus profondément son lit pour garder son niveau, et maintenant nous pouvons savoir par la distance de ce niveau à la ligne d'érosion de combien de mètres s'est soulevé le bassin du Mississipi pendant cette période géologique, car c'est à l'eau, cet élément que les poètes disent si changeant et si perfide, que la science

a recours pour mesurer les oscillations séculaires des continens.
Ainsi la régularité des érosions faites par le Mississipi à travers la
chaîne de rochers, et surtout l'absence, en amont de Grand-Tower,
d'un grand bassin circulaire qui ait pu servir de réservoir aux eaux
réunies du Missouri et du Mississipi, font supposer que le percement des rochers est dû au soulèvement du sol.

C'est à Commerce, village imperceptible justifiant bien peu son
nom, que le Mississipi passe pour la dernière fois sur un lit de rochers. En aval, la plaine, un moment interrompue par les étrangle-
mens d'Herculanum et de Grand-Tower, y recommence avec de bien
plus vastes proportions que dans le Haut-Mississipi, et déroule jusqu'à la mer, sur une longueur de 1,800 kilomètres, l'horizon triste
et uniforme de ses grands bois.

<h3 style="text-align:center">III.</h3>

L'embouchure de l'Ohio inaugure dignement cette grande plaine
d'alluvions. Là, le voyageur pourrait se croire transporté dans la
mer au milieu d'un archipel. De quelque côté qu'il dirige son regard,
il voit de vastes étendues d'eau allant se perdre vers l'horizon : au
nord-ouest un bras du Mississipi, au nord un bras non moins large,
à l'est le puissant Ohio, au sud le vaste canal où viennent se mêler
les eaux de tous ces confluens. Les pointes et les îles vertes apparaissent dans le lointain comme les rives indécises d'un lac ou plutôt comme des forêts flottantes. Sur l'une de ces pointes basses, et
presque entièrement caché par une rangée de bateaux à vapeur, se
trouve le village du Caire. Malgré sa haute importance commerciale, c'est un des points les plus hideux et les plus malsains du
monde entier, et bien longtemps avant d'avoir mis le pied sur la
vase putride du rivage, on est comme suffoqué par d'horribles
miasmes. La péninsule du Caire est rattachée au territoire de l'Illinois par une étroite langue de terre vaseuse, qui, si on ne l'avait
complétement entourée d'une digue de 6 à 7 mètres de hauteur, serait périodiquement noyée par les inondations. Dans cette espèce de
fosse ménagée entre les talus de la digue circulaire, les eaux en dé-
composition, les débris végétaux et les charognes éparses polluent
tellement l'atmosphère, que la respiration devient une souffrance.
Aussi, malgré les caressantes invitations des capitalistes, malgré les
plans magnifiques des ingénieurs, les travailleurs s'obstinent à ne
pas affluer vers le Caire : la population fixe se compose d'une vingtaine d'hôteliers occupés à rançonner les voyageurs que les convois
et les bateaux y débarquent par centaines. Le Caire est une auberge
qu'on traverse en courant.

L'Ohio est de toutes les rivières des États-Unis celle qui ressemble le plus aux rivières d'Europe; aussi les premiers voyageurs français, heureux de retrouver des sites qui leur rappelaient ceux de la patrie, donnèrent-ils à l'Ohio le nom de Belle-Rivière. Les collines de ses rivages sont doucement inclinées et couvertes d'arbres semblables à ceux du nord de l'Europe; les villes et les villages parsèment les deux bords de charmantes petites maisons blanches; les champs cultivés, les groupes d'arbres fruitiers se succèdent en paysages uniformes et gracieux. On voit même près de Cincinnati la vigne hardie gravir la pente des collines comme sur les bords de la Loire et du Rhin.

Le cours de l'Ohio se divise en trois parties nettement caractérisées, et sous ce rapport il peut être considéré comme un type idéal de fleuve. Les deux branches qui forment l'Ohio supérieur descendent des pentes occidentales des Alleghanys et recueillent tous les torrens d'eau de glace et de neige qui y prennent leur source. La première de ces branches, l'Alleghany, prend son origine dans l'étang de Chautauque, près du lac Érié, à quelques centaines de mètres au-dessus de son niveau; elle descend vers le sud par une succession de vallées étroites, et vient enfin s'unir à la seconde branche de l'Ohio supérieur, le Monongahela, à l'endroit où s'élève la puissante ville de Pittsburg. En aval, commence le cours moyen de l'Ohio, où les grands affluens déversent leurs eaux, leurs alluvions fertiles, les produits de leurs bords, et ouvrent des avenues commerciales vers l'intérieur du continent; c'est là que sont bâties les villes les plus populeuses. Tout le bassin de l'Ohio est habité par 8 millions d'âmes; un seul des états riverains, celui qui porte le nom du fleuve, contient 2,800,000 habitans, et tout fait croire qu'avant la fin du siècle la population de cet état ne sera pas inférieure en densité à celle de la Belgique. La capitale, Cincinnati, a déjà plus de 200,000 âmes.

Le cours inférieur commence aux chutes de Louisville. Un ancien banc de corail, dont les rameaux sont encore aussi aigus et ramifiés que s'ils venaient d'être formés, y interrompt le cours de l'Ohio par une succession de rapides dangereux. Pendant les hautes crues, ces rapides disparaissent entièrement; mais quand les eaux sont basses, la navigation devient impossible. Pour tourner les chutes, on a creusé deux magnifiques canaux, l'un à droite dans l'état de l'Indiana, l'autre à gauche dans celui du Kentucky. Une agglomération de villes, due au temps d'arrêt que la navigation y subit forcément, au transbordement des marchandises, au service des canaux, s'est formée dans un petit espace autour des rapides; mais si les embarcations pouvaient franchir les chutes en toute saison et sans arrêt, Louisville, Shippingport, Portland, New-Albany, perdraient beaucoup de leur importance. Au-dessous de Louisville, l'Ohio change de caractère et ressemble au Mississipi : sa plaine s'élargit et devient entièrement alluviale; les collines n'accompagnent plus son cours que de loin et se dérobent à la vue derrière un épais rideau de forêts. Il finit par ressembler moins à une rivière distincte qu'à un estuaire du Mississipi, et quand il confond enfin ses eaux bourbeuses avec celles du grand fleuve, il a déjà perdu tout caractère d'individualité.

Les trois cours de l'Ohio, supérieur, moyen et inférieur, se distinguent parfaitement sous le rapport géologique. Le cours supérieur se trouve en entier dans le riche terrain carbonifère de la Pensylvanie et traverse ces houillères célèbres de la Monongahela, dont les couches se développent comme de longs rubans noirs sur la berge même de la rivière, et peuvent être exploitées à quelques mètres de l'embarcation qui doit en transporter les produits. Pittsburg, ville de fumée et de bruit qu'on appelle la Birmingham de l'Amérique, doit à ces houillères sa population de 120,000 habitans. De Pittsburg à Louisville, c'est-à-dire pendant tout son cours moyen, l'Ohio traverse les formations dévonienne et silurienne, terrains dont le caractère est plutôt agricole qu'industriel. Le cours inférieur pénètre dans un bassin houiller d'une richesse extraordinaire, qui ne livre encore à l'industrie que 200,000 tonneaux par an d'un charbon excellent pour la fabrication de l'huile minérale.

L'Ohio est un cours d'eau fort peu régulier dans ses allures. Il est arrivé que dans l'espace d'un mois le débit de l'eau a été huit fois plus considérable que pendant le même mois de l'année précédente. Parfois aussi les inondations sont terribles, et devant Cincinnati on a vu le courant de l'Ohio, large de 300 mètres et profond de 18, descendre avec une rapidité de 10 kilomètres à l'heure. Dans une même année, le niveau des eaux peut varier de 15 mètres, et même en 1832 la différence de niveau entre les hautes et les basses eaux atteignit presque 20 mètres. Dans l'Amérique du Nord, les températures sont extrêmes non-seulement d'un jour à l'autre, mais aussi d'année en année : elles sautent du chaud au froid, du sec à l'humide, avec beaucoup plus de rapidité et d'intensité que dans l'Europe occidentale. La quantité d'eau qui tombe annuellement dans le bassin de l'Ohio est de 92 centimètres, dont environ 40 centièmes s'écoulent par le lit du fleuve. Les observations comprennent un espace de huit années seulement, et cependant ce court intervalle a suffi pour donner un minimum de débit de 25 centimètres par an, et un maximum presque triple de 64 centimètres et demi. On conçoit combien de pareilles variations doivent être funestes, surtout dans l'état actuel de la science, qui ne nous permet pas de prédire les temps et les saisons. Du jour au lendemain, la navigation peut être interrompue sur l'Ohio et tous ses affluens, c'est-à-dire sur une longueur navigable que l'on évalue à 3,600 kilomètres. Aussi les allures de l'Ohio sont-elles une des grandes préoccupations des commerçans américains.

On a proposé plusieurs moyens pour régulariser le débit de cette rivière capricieuse. Quelques ingénieurs se sont offerts pour la canaliser jusqu'à Louisville, de manière à la transformer en une succession de biefs d'eau presque dormante. Ce plan ne préviendrait point les inondations, et remplacerait par les mille retards inhérens à la nature même des canaux le retard que la navigation éprouve maintenant pendant la saison des eaux basses. M. Ellet, célèbre ingénieur, qui, mieux que personne, connaît le Mississipi et ses affluens, a proposé, il y a quinze ans, un autre travail bien plus simple et plus grandiose. Il voudrait former de grands lacs à l'origine de la navigation sur les deux rivières Alleghany et Monongahela, pour y emmagasiner les eaux d'inondation, les déverser plus tard pendant la saison des sécheresses, et maintenir sur les barres de Pittsburg et de Wheeling un niveau constant d'un mètre au moins. Les observations de M. Ellet, continuées assidûment pendant de longues années, prouvent que la chute d'eau de pluie dans la partie supérieure du bassin de ces deux maîtresses branches de l'Ohio est parfaitement suffisante pour maintenir pendant tout le cours de l'année cette profondeur minimum d'un mètre, tandis que pendant l'été l'Ohio n'est souvent qu'un mince filet d'eau profond de 20 centimètres et se frayant avec peine un chemin à travers le gravier. La formation de ces lacs artificiels n'offre aucune difficulté, du moins pour l'Alleghany, car il suffirait de construire une digue entre deux collines rapprochées pour retenir l'eau dans une plaine de 30 kilomètres de longueur, qui jadis était le fond d'un lac, et peut facilement revenir à son ancienne destination. M. Ellet veut tout simplement imiter le travail de la nature, qui, dans le cours supérieur des fleuves, a disposé des lacs tels que le Léman et le lac de Constance, afin qu'ils servent de régulateurs et donnent aux cours d'eau qu'ils alimentent un niveau presque constant. Pour ce grand projet, M. Ellet demande une somme inférieure à celle des pertes annuelles causées par les sécheresses, les échouages et les inondations. Il semble impossible que tôt ou tard on n'en vienne point à adopter ce plan d'une simplicité grandiose, le même à peu de chose près que propose le commandant Rozet pour régulariser le cours des fleuves de France, et qu'on a déjà mis en pratique sur une petite échelle en Algérie et en Espagne. Quoi qu'il en soit, peu d'années suffiront sans doute pour forcer les Américains à prendre possession définitive et complète de l'Ohio par des monumens durables. Jusqu'à ce jour, il n'y a sur la rivière qu'un seul pont, le pont suspendu de Wheeling. On parle aussi depuis longtemps, mais

sans avoir encore mis la main à l'œuvre, du percement d'un tunnel
sous le lit de l'Ohio, entre Cincinnati et le faubourg de Covington.
    Le vaste pays compris entre les grands lacs du Canada, l'Ohio et
le Mississipi est la terre promise de l'Amérique du Nord; mais une
région surtout, l'état de l'Illinois, semble privilégiée, car tous les
avantages géographiques s'y réunissent, ceux-là mêmes qui semblent mutuellement s'exclure. Cette région est éminemment continentale, puisqu'elle est au centre du bassin du Mississipi, et que
toutes les grandes lignes commerciales du nord au sud et de l'est
à l'ouest doivent nécessairement s'y croiser; elle possède en même
temps tous les avantages d'un pays insulaire, puisqu'elle est entourée de tous côtés par des eaux navigables. À l'ouest le Mississipi,
au sud l'Ohio, à l'est le Wabash, au nord le Rock, l'Illinois et le
magnifique lac Michigan, font à l'état de l'Illinois une ceinture de
ports, et les produits du sol peuvent immédiatement s'expédier
pour toutes les parties du monde. L'Océan-Atlantique vient lui-
même, par le Saint-Laurent et l'enchaînement des grands lacs, former une méditerranée jusqu'au cœur du pays.

Sous le rapport agricole, la région de l'Illinois est tout aussi privilégiée que sous le rapport commercial; le sol est composé d'alluvions antiques et de débris fortement mélangés de terre végétale:
il suffit de l'exciter d'un coup de bêche ou de charrue pour lui
faire produire des récoltes abondantes. Tout au plus la dixième
partie du sol est-elle en culture, et cependant le maïs et le froment
y donnent tant de produits, que Chicago est devenu le premier port
du monde pour l'exportation des blés et des farines. Quel sera donc
le revenu du sol quand les agriculteurs cultiveront sérieusement
leurs champs et s'en remettront plutôt à leur travail qu'à la force
productrice d'une nature exubérante! Ce n'est pas tout : la richesse
des mines est également merveilleuse; les gisemens de plomb ar-
gentifère sont nombreux, et donnaient lieu à une exploitation fort
importante avant que les mineurs n'eussent été saisis par la fièvre
sacrée de l'or californien. Les mines de fer de l'Illinois sont aussi
très riches, et le terrain houiller occupe dans cette région une étendue beaucoup plus considérable que dans tout autre pays du monde.
De 10 à 16 millions d'hectares appartiennent à la formation carbonifère, et fourniront à l'industrie future du bassin mississipien une
source inépuisable de combustible. Ainsi tout se trouve réuni sur la
terre américaine pour développer une prospérité magnifique : position continentale et insulaire à la fois, terrains fertiles, mines fé-
condes, combustible pour l'industrie, salubrité du climat. Pour
compléter l'énumération de tous les priviléges de cet Eldorado, il
faut ajouter que les mœurs des Américains sont devenues, dans

cette région, plus douces et plus sociables qu'ailleurs, sous l'influence du climat ou bien du travail agricole. On dirait que l'avenir moral des États-Unis, aussi bien que leur avenir matériel, doit être cherché dans ce beau pays de l'Illinois.

L'immigration s'y porte avec une rapidité inouie. Entre 1850 et 1855, le nombre des habitans a presque doublé, et maintenant il s'élève à plus de 1,500,000. Une cité de 120,000 âmes s'est dressée sur le bord du lac Michigan avec ses palais et ses tours, semblable à ces villes fantastiques que l'on voit se former le soir sur les nuages de l'horizon; les navires s'y rendent par multitudes (1), et quinze chemins de fer y convergent de tous les points de l'Amérique, car, pour construire des voies ferrées dans les états de l'ouest, les *Yan-kees* n'attendent pas même l'existence des centres de population. Ils vont « de l'avant (*ahead*) » et posent leurs rails sans crainte, sachant bien que les villes viendront se grouper sur le parcours des chemins de fer comme des perles sur un collier. Du jour au lendemain, la société s'improvise dans l'Illinois, surtout dans la partie méridionale, qui s'enfonce comme un coin entre deux états à esclaves et y fait le vide pour ainsi dire en attirant à elle toutes les forces vives de l'intelligence et du travail.

Que le voyageur se hâte donc, s'il veut parcourir ces vastes prairies, semblables à la mer, où l'horizon n'est limité que par la rondeur du globe, où les herbes sont si hautes que leur masse se reploie sur la tête de celui qui les traverse, et que le chevreuil peut y glisser sans être aperçu! Bientôt ces prairies n'existeront plus que dans les récits de Cooper : l'inflexible charrue les aura toutes transformées en sillons. Les Américains ont hâte de jouir, et s'emparent avec avidité de cette terre fertile. Avant d'avoir une cabane, avant même de savoir où reposer leur tête dans la vaste étendue de la prairie, il en est qui exploitent déjà le sol industriellement. J'ai vu des agriculteurs transporter par le chemin de fer des chevaux et une machine à faucher, se faire débarquer au milieu de la savane et lancer immédiatement leur attelage à travers l'herbe haute et serrée; le soir venu, le train de retour les prenait, eux et leurs foins, et les ramenait à Chicago. Les campagnes, rigoureusement cadastrées, sont divisées en *townships* de six milles de côté et subdivisées en milles carrés partagés en quatre parties. Tous ces quadrilatères sont parfaitement orientés, et chacune de leurs faces regarde l'un des quatre points cardinaux. Les acquéreurs de carrés grands ou petits ne se permettent jamais de dévier de la ligne droite; vrais géomètres, ils construisent leurs chemins, élèvent leurs cabanes,

---

(1) En 1858, le commerce du lac Michigan, concentré dans le port de Chicago, s'est élevé à la valeur de 1,155 millions de francs.

creusent leurs viviers, sèment leurs navets dans le sens de la méridienne ou de l'équateur. Ainsi les prairies jadis si belles, aux contours si mollement ondulés, aux lointains si vaporeux, ne sont plus aujourd'hui qu'un immense damier. A peine si les ingénieurs de chemins de fer se permettent de couper obliquement les degrés de longitude.

Cependant il ne faut pas regretter cet envahissement brutal de la règle et du compas dans la nature vierge, où jadis les buffles bondissaient en paix au milieu des herbes flottantes. Cette prise de possession violente ne pouvait être opérée que par un peuple énergique, ne subissant aucune loi et se sentant véritablement créateur. L'Américain ne veut pas admettre que la nature soit plus forte que lui, et même quand il bâtit une hutte, il prétend que cette hutte soit la première d'une Rome future. Je compris ces choses un jour que j'entrai dans une misérable cabane, récemment construite au milieu de la prairie. Dans l'angle le plus obscur reluisait le canon d'une carabine; des gibecières, des sacs, des outils de toute espèce étaient suspendus aux murailles ou encombraient le sol; à côté de la porte, quelques morceaux de bois grossièrement assemblés servaient de bibliothèque. Parmi les livres, je reconnus avec étonnement des ouvrages d'Emerson, de Channing, de Carlyle, du lieutenant Maury, et l'habitant de la cabane n'avait pas encore de lit! Seul dans sa cabane, à plusieurs lieues de la première habitation, cet homme avait porté machines et livres en prévision de la formation d'une société future : il avait fondé la cité.

Il est évident que le Mississipi communiquait autrefois avec le lac Michigan par la rivière Illinois et par d'autres cours d'eau formant ensemble un delta d'effluence. Encore de nos jours, deux, trois ou même six fois par an, après de longues pluies, les petites embarcations peuvent passer de la rivière Chicago dans l'Illinois, et traverser ainsi le renflement de faîte entre le bassin du Saint-Laurent et celui du Mississipi. Cette communication temporaire ne saurait être comparée cependant aux vrais fleuves qui jadis sortaient du lac Michigan pour se déverser, avec toutes les eaux du bassin central, dans le golfe du Mexique. Le beau canal ouvert entre les deux bassins a été creusé dans un lit déjà tout préparé, qui jadis donnait passage à une masse d'eau très considérable.

Pendant l'époque du *diluvium*, et probablement encore au commencement de la période géologique actuelle, le niveau des grands lacs était beaucoup plus élevé qu'il ne l'est aujourd'hui : partout la nature du sol, les débris et les érosions l'attestent. A une hauteur de plus de 200 mètres au-dessus du lac Ontario, on voit très distinctement, semblable à une route abandonnée, l'ancienne plage où venait battre l'eau, et plus bas, sur les flancs des collines, d'autres marques laissées de distance en distance témoignent de la baisse graduelle du niveau lacustre. Il en est de même sur les rivages de tous les autres grands lacs de l'Amérique du Nord, et la péninsule du Michigan tout entière dormait autrefois sous la vaste surface de la méditerranée américaine. Les savanes ou prairies de l'Illinois étaient aussi recouvertes par les eaux du lac Michigan, et bien qu'elles se trouvent en moyenne à 220 mètres de hauteur au-dessus de la mer, celles qui ne sont pas encore transformées en champs ressemblent d'une manière étonnante aux *prairies tremblantes* de la Basse-Louisiane : on dirait un delta qu'une force souterraine aurait tout d'un coup soulevé. Ces prairies tremblantes sont de vastes étendues uniformes et paisibles comme la surface d'un lac; les herbes fleuries y ondulent et frémissent au vent comme des flots; les massifs d'arbres y sont semés comme des îles. De distance en distance, les îles se groupent en archipels, et les bras de prairies qui les entourent se bifurquent et se réunissent comme les bras d'une mer herbeuse. Une seule prairie, située au centre même de l'état de l'Illinois, est assez vaste pour qu'on ne voie pas son horizon frangé d'une de ces vertes îles d'arbres (1). Partout aussi des blocs erratiques de granit, qui ne peuvent avoir été arrachés qu'aux collines de la Nouvelle-Bretagne, jonchent le sol et témoignent de l'ancienne existence d'une mer intérieure dont les glaces transportaient au sud les blocs de pierre arrachés aux rivages du nord. En creusant dans le sol, on trouve aussi des restes plus récens que ceux de l'époque diluvienne, et près de Kankakee, à plus de 50 kilomètres du rivage actuel du lac Michigan, on a trouvé le mât d'une barque enterré à 10 mètres de profondeur.

D'où vient cette baisse remarquable du niveau des lacs, baisse qui indique évidemment la diminution des eaux dans le grand bassin lacustre de l'Amérique du Nord, puisque les lignes d'érosion peuvent se suivre à l'œil sur tout le contour des lacs à une grande hauteur au-dessus de la surface actuelle? Évidemment le soulèvement graduel du sol dont tout le bassin mississipien porte des traces a dû être l'un des principaux agens de l'écoulement des lacs. En effet, la surface de l'eau se haussant en même temps que tout le bassin au-dessus du niveau de l'Atlantique, de nouvelles issues se seront ouvertes pour le trop-plein des lacs, et leurs flots, servis par une plus forte pente, seront descendus vers l'Océan avec plus d'abondance et de rapidité. Cependant, en supposant même que le bassin central de l'Amérique du Nord n'ait point été soumis à un soulèvement graduel, le niveau des lacs a dû continuellement bais-

(1) On a pu voir au Salon de cette année un beau paysage peint par un artiste de New-York, et représentant un *Coucher de soleil dans une prairie de l'Illinois.*

ser par suite de l'érosion constante à laquelle le Saint-Clair, le Niagara et le Saint-Laurent soumettent les rochers qui leur servent de lit. Les fleuves cherchent toujours à égaliser leur pente depuis la source jusqu'à l'embouchure; là où un banc de rochers interrompt leur cours et ralentit leur vitesse, ils rongent la pierre et la creusent, ils l'emportent grain de sable à grain de sable, finissent à la longue par la scier en deux, et descendent vers la mer par un mouvement égal, au lieu d'être entraînés de cataracte en cataracte. La chute du Niagara est un exemple magnifique de cet assèchement graduel des lacs par l'érosion des rochers. La falaise du haut de laquelle le fleuve se précipite se compose de couches légèrement inclinées vers le lac Érié et redressées vers la cataracte. Celle-ci ronge graduellement le rebord de ces couches de rochers, et à mesure que la hauteur en diminue, le niveau de l'eau baisse en proportion dans le lac Érié. On a même essayé de calculer approximativement combien de siècles il faudrait pour assécher complétement ce vaste bassin. Les données que l'on possède n'embrassent pas tous les faits géologiques; il est sûr toutefois que, dans une période assez rapprochée de nous, le lac Érié sera transformé en un simple prolongement de la rivière Saint-Clair. La profondeur moyenne de cette nappe d'eau est de 22 mètres seulement, et pendant que la cataracte du Niagara ronge les rochers qui forment la paroi inférieure de son bassin, les alluvions empiètent continuellement dans la partie supérieure du lac et peu à peu la comblent de vase.

Quelle que soit l'importance de ces deux causes réunies, le soulèvement du sol et l'érosion des rochers par les rapides et les cataractes, il est très probable qu'une troisième cause, encore plus importante dans ses résultats, agit sur la baisse des eaux dans les grands lacs nord-américains : cette cause est la diminution des pluies. En effet, qu'une chaîne de montagnes ou un vaste plateau s'interpose entre une mer d'évaporation et le bassin de précipitation vers lequel se dirigent les vapeurs de cette mer, il est évident que les crêtes des montagnes arrêteront les nuages dans leur course et en exprimeront une grande quantité d'eau avant de leur laisser continuer leur voyage. Tel est le fait qui se présente pour l'Amérique du Nord. Dans la région des calmes équatoriaux, d'innombrables nuages s'élèvent incessamment de l'Océan-Pacifique, et, poussés par le contre-courant supérieur des vents alisés du nord-est, vont se heurter contre le vaste plateau d'Utah et la double chaîne des Rocheuses et de la Sierra-Nevada. Là, ils abandonnent le trop-plein de leur humidité, et quand ils viennent s'abattre en orages sur les plaines du Mississipi, une grande partie de leur masse s'est déjà fondue. Or ces chaînes de montagnes ont été soulevées à une époque géologique comparativement récente, et les mouvemens volcaniques qui s'y font ressentir parfois semblent annoncer que le mouvement d'ascension n'est point terminé, et que cette partie du continent en est encore à sa période de croissance. À mesure que les montagnes s'élèvent en hauteur, l'abondance des pluies diminue, et avec elles par conséquent le volume des eaux mississippiennes et le niveau des grands lacs du Canada. Il ne faut donc pas s'étonner que tout l'espace compris entre la Sierra-Nevada et les Alleghanys porte des traces évidentes de l'antique séjour des eaux. Le bassin d'Utah était rempli par une véritable mer beaucoup plus considérable que le grand Lac-Salé de nos jours; les *mauvaises terres*, où maintenant on ne trouve plus une goutte d'eau, étaient recouvertes par une immense plaine liquide; les prairies de l'ouest étaient des lacs ou des marécages, et ces longues rivières, le Nebraska, le Kansas, la Canadienne, où le plus souvent il n'y a pas même assez d'eau pour le flottage, étaient des fleuves considérables. Les observations des géologues nous permettront désormais de savoir comment et dans quel espace de temps s'opère le rétrécissement du bassin lacustre.

L'endroit où s'élève maintenant la puissante ville de Chicago nous offre un exemple remarquable de la manière dont s'accomplit ce phénomène. Deux rivières, Chicago-Nord et Chicago-Sud, séparées du lac Michigan par une simple langue de terre sablonneuse, viennent à la rencontre l'une de l'autre, et se déversent dans le lac par une embouchure commune, longue d'un kilomètre environ. Que sont ces deux rivières, formant ensemble un arc de cercle concentrique autour de la rive actuelle du lac, sinon une ancienne baie que l'exhaussement d'un banc de sable et sa transformation en levée naturelle ont d'abord changée en lagune? Toutes les sources, toutes les ravines d'eau qui débouchaient au nord et au sud dans cette lagune allongée n'ont pas manqué d'apporter leurs alluvions et de hausser progressivement leur lit aux deux extrémités, de manière à se donner une pente égale pour leur écoulement. Peu à peu toutes ces eaux ont pris pour déversoir le canal par lequel le lac et la lagune communiquaient ensemble. L'examen du sol nous montre aussi que la Rivière des Plaines elle-même, affluent du Mississipi, se déversant parfois dans le Chicago pendant la saison des pluies, suit dans son cours une ancienne plage du lac Michigan. C'est ainsi qu'une baie se change en lagune, une lagune en rivière, et que sur les bords de la mer un courant d'eau douce peut en venir à remplacer l'étendue des eaux salées. Dans le cours des siècles, l'étang de Thau, voisin des côtes de Provence, et dont la forme est déjà si allongée, pourra se rétrécir encore et servir de lit à deux rivières qui s'écouleront ensemble par l'embouchure actuelle de l'étang.

IV.

Au-dessous de l'embouchure de l'Ohio, la plaine alluviale du Mississipi devient très large, et l'on dirait, à voir les bras nombreux formés autour des îles, que déjà le fleuve s'essaie à composer un delta. Jusqu'au confluent de la Rivière-Rouge, il y a plus d'une centaine de ces îles que l'on désigne ordinairement par leur numéro d'ordre pour s'épargner la peine de leur donner des noms. Elles changent de forme d'année en année, selon la hauteur des eaux et la direction du courant. Tantôt une de leurs pointes est emportée par une crue, tantôt le courant vient y creuser un golfe, ou les alluvions y déposent un promontoire. Un banc de sable arrête une branche de saule, cette branche se fixe dans la vase; puis, chaque inondation apportant de nouvelles alluvions et de nouvelles semences, il arrive que le banc de sable est au bout de quelques années devenu un bois de saules ou de peupliers. Ailleurs c'est une île que le fleuve dissout après l'avoir formée, et là où quelques jours auparavant existait une forêt, l'emplacement n'en est plus marqué que par des branches encore vertes flottant sur la surface de l'eau. Cependant il y a des îles très vastes, de plusieurs centaines de kilomètres carrés de superficie, que les siècles seuls pourront oblitérer. L'agriculture n'a pas encore osé s'en emparer; le sol en est trop bas et trop friable pour que les colons viennent y exposer leurs travaux aux mouvemens imprévus du fleuve; on se contente d'y couper du bois pour les vapeurs du Mississipi.

A une trentaine de kilomètres au sud de l'embouchure de l'Ohio, la ville naissante de Hickman's-Point groupe pittoresquement ses charmantes maisons sur les flancs d'une colline, l'une des quinze dont le Mississipi vient laver la base dans tout son cours de la ville du Caire jusqu'à la Balise, sur une longueur d'environ 1,800 kilomètres. Cette ville ne peut manquer d'avoir de l'importance, puisque c'est l'un des seuls points où les plateaux cultivés de l'intérieur se trouvent en contact avec le fleuve, dont partout ailleurs ils sont séparés par les forêts vierges et les marécages de la plaine. La colline où s'élève Hickman's-Point a sur les autres hauteurs effleurées par le courant du Mississipi l'avantage d'être rapprochée de l'embouchure d'une grande rivière : c'est là que s'opère la jonction, sinon de deux fleuves, du moins de leurs vallées, et c'est là par conséquent que se trouve le vrai confluent commercial. Il y a quelques années, tous les échanges entre les états du Mississipi s'opéraient encore par eau, et c'est pour cela que les spéculateurs ont si longtemps cherché à fonder une ville à la pointe du Caire. Alors il n'y avait pas même de sentier le long des fleuves : aujourd'hui, il est vrai, ces sentiers n'existent pas encore; mais en revanche de nombreux chemins de fer convergent déjà vers Hickman's-Point, car dans l'ouest la construction des chemins de fer précède toujours le simple tracé des chemins vicinaux. Hickman's-Point devra à toutes ces lignes d'être le véritable *emporium* de la bouche de l'Ohio, tandis que Le Caire ne pourra jamais être qu'un simple entrepôt. Il en est de même sur plusieurs points de la terre : l'embouchure commerciale ne coïncide pas toujours avec l'embouchure des eaux; c'est ainsi qu'Alexandrie est le port du Nil, et Marseille celui du Rhône.

Plus bas, sur la rive droite, se trouvent les restes d'un village auquel son ancienne position sur une colline élevée et la richesse de son territoire semblaient autrefois devoir assurer une grande importance. Lorsque les Espagnols étaient encore possesseurs de cette partie de l'Amérique, ils furent frappés des avantages de cette situation et y jetèrent les fondemens d'une ville qu'ils appelèrent Nueva-Madrid, dans l'espérance d'en faire un jour la métropole de l'Amérique du Nord. Le tremblement de terre de 1812 a fait mentir toutes les prévisions, et Nueva-Madrid, aujourd'hui New-Madrid, est resté un village sans importance, auquel les inondations enlèvent successivement cabane après cabane. On croit généralement que les vastes plaines d'alluvion n'ont rien à redouter des tremblemens de terre, et cependant en 1812 toute la vallée du Mississipi resta dans un état continuel de trépidation pendant l'espace de trois mois. C'était à l'époque de la destruction de Caraccas; toutefois la vague d'ébranlement ne semblait pas venir de l'Amérique du Sud, on eût dit plutôt que l'Amérique du Nord avait aussi un centre de dislocation dans la région située entre le Mississipi, l'Arkansas et le Missouri, et que de là les ondulations terrestres se propageaient vers le sud en s'affaiblissant. A la Nouvelle-Orléans et dans tout le delta de la Louisiane, le frémissement du sol fut à peine sensible; mais à l'ouest du Mississipi, sous la latitude de New-Madrid, de vastes espaces de terrain s'affaissèrent tout à coup. La région que les Américains appellent *Sunk-Country* (pays effondré) occupe une superficie d'environ 5,830 kilomètres carrés. Plus au sud, sur les bords de la rivière Saint-François, une autre région appelée le *Spread* (l'étendue) a également subi à cette époque un mouvement soudain d'affaissement sur un espace d'environ 2,600 kilomètres. Des élévations décorées dans le pays du nom de collines s'abîmèrent tout à coup; des champs cultivés disparurent; de grands lacs, de 30 ou 40 kilomètres de longueur, se formèrent, tandis que d'autres lacs se desséchaient soudain. En plusieurs endroits, la terre se fendit avec un bruit terrible, et d'énormes lézardes, longues de plusieurs lieues, profondes de 50 et 60 mètres, se creusèrent dans le sol en convulsion. On voit

encore de ces précipices dont le fond s'est inégalement comblé,
et sert de lit aux eaux courantes : il y a quelques années, on mon-
trait jusqu'à des arbres que la déchirure du sol avait fendus ver-
ticalement, et dont les deux moitiés continuaient à croître vis-à-
vis l'une de l'autre de chaque côté du précipice. Il paraît aussi que
l'aire d'effondrement traversa le Mississipi, car les bateliers rap-
portent qu'une large déchirure s'ouvrit tout d'un coup à travers le
lit du fleuve, et que l'eau d'aval rebroussa chemin pour aller remplir le gouffre, entraînant avec elle les bateaux qui descendaient le
courant. Le Mississipi venait d'être coupé en deux. Heureusement
cette partie de l'Amérique du Nord était encore presque déserte. Il
ne manquait à cette région que de grandes villes et des campagnes
cultivées pour que le désastre fût aussi effroyable qu'il l'avait été
à Caraccas.

Même avant le tremblement de terre, les deux rives du Mississipi
étaient en grande partie marécageuses, et depuis que des régions
entières se sont effondrées, le nombre des étangs et des lacs s'est
considérablement accru. Ces étangs sont en réalité des régulateurs
naturels de la hauteur des eaux, et remplissent le même office que
les réservoirs artificiels que le savant ingénieur américain Ellet voudrait former aux sources de l'Alleghany et du Monongahela. Pendant la saison des crues, le fleuve franchit ses rives et noie tous les
terrains bas épars le long de son cours. Ne pouvant contenir dans
son lit toute la masse d'eau que lui apportent ses affluens, il la déverse dans les marécages qui lui servent de réservoirs temporaires,
et descend vers la mer allégé d'une partie de son poids. Aussi le
Mississipi roule-t-il beaucoup moins d'eau à la Nouvelle-Orléans
qu'à l'embouchure de l'Ohio, située à plus de 2,000 kilomètres en
amont (1), et malgré l'apport que lui font l'Arkansas, la Rivière-
Rouge et le Yazoo, perd-il un cinquième de sa masse totale pendant
la distance qu'il parcourt depuis l'Ohio jusqu'à la mer. S'il n'avait
pas d'affluens, il arriverait à la Nouvelle-Orléans diminué de moitié,
car la masse d'eau qu'il jette pendant toute la durée de l'inondation
dans les terrains noyés du Missouri et du Yazoo égale en importance
le Rhône ou le Danube. Arrivée dans les marécages, cette eau ne
cesse point complétement de couler; mais, arrêtée par les troncs
d'arbres et les faisceaux de racines, divisée en mille filets sem-

(1) Les observations réitérées de M. Ellet faites, à l'époque des crues ne laissent aucun
doute à cet égard.

A Cap-Girardeau, en amont de l'embouchure de l'Ohio, le Mississipi débite par se-
conde pendant la crue............................ 28,082 mètres cubes d'eau.
En aval de l'embouchure......................... 33,500   ——
A Memphis...................................... 26,200   ——
En aval du confluent de la Rivière-Rouge........ 31,082   ——
A la Nouvelle-Orléans........................... 27,200   ——

blables aux vaisseaux sanguins qui circulent sous la peau, elle perd graduellement sa force d'impulsion, et seulement au bout de quelques semaines ou même de plusieurs mois, alors que le Mississipi a repris son niveau ordinaire, elle revient dans le lit du fleuve ou se déverse dans l'un de ses affluens. Ces marécages sont donc de véritables régulateurs; ils aspirent l'eau du fleuve débordé et la renvoient dans le fleuve appauvri, maintenant ainsi les eaux à une hauteur normale. Faute de cette double propriété d'aspiration et d'expiration que possèdent les marécages, la Basse-Louisiane tout entière, ce pays si important par son agriculture et son commerce, ne serait pendant la saison des hautes eaux qu'un assemblage de lagunes et de prairies tremblantes. Aujourd'hui la nature protége ce pays; mais si jamais on dessèche les marécages du Missouri, il faudra, sous peine de catastrophe, que des réservoirs artificiels remplacent les réservoirs naturels, car la circulation des eaux sur les continens est semblable à la circulation du sang dans le corps humain : elle a également besoin d'organes soumis au double mouvement de systole et de diastole pour recevoir ou déverser le trop-plein du liquide.

Il faut avoir voyagé dans les forêts vierges pour se faire une idée du mystère et du silence qui règnent sur les bords du Mississipi dans la partie moyenne de son cours. On se figure assez généralement en Europe que les rives de ce fleuve sont cultivées, et que les hameaux, les villages s'y succèdent sans interruption, comme dans nos vallées de France; il n'en est rien : les forêts, les îles couvertes de saules, les pointes de sable se suivent avec une désespérante uniformité, et l'on peut voyager des journées entières sans voir sur le rivage une trace des pas de l'homme. Les vapeurs grondans qui se rencontrent avec leurs populations de voyageurs, et remplissent un instant l'espace de mouvement et de bruit, augmentent encore par le contraste le silence effrayant des forêts solitaires. Quand ils sont passés, tout retombe dans la morne tranquillité du désert.

De longues années s'écouleront encore avant que l'industrie américaine ose essayer de fixer par la culture les bords du Mississipi, car les terres alluviales qui forment les deux rivages sont composées d'un sable grossier qui s'affaisse au moindre choc de la vague. Le cours du fleuve est d'une extrême mobilité; comme un serpent qui déroule ses anneaux, sans cesse il creuse et recreuse son lit, affouillant d'un côté, rapportant de l'autre, semant les îles comme au hasard. Les terres de la Basse-Louisiane ont pu être cultivées jusque sur le bord du fleuve, parce qu'elles sont composées des alluvions les plus plastiques, des argiles les plus fines; cependant les éboulemens y sont fréquens, et l'entretien des levées réclame une surveillance continuelle. Dans toute la longueur du cours moyen, depuis l'embouchure de l'Ohio jusqu'à celle de la Rivière-Rouge, les colons, ne pouvant s'établir avec sécurité sur les bords mêmes du fleuve, ont dû s'installer sur les rares escarpemens de la rive gauche. Cependant les trois premiers escarpemens, ou *bluffs*, que l'on rencontre au sud de Hickman's-Point sont encore dans leur état de nature, tels qu'ils étaient lorsque l'armée de Bienville et de Noailles les gravit vers le milieu du dernier siècle pour aller faire une guerre inutile et honteuse aux nations des Chickasaws. Ces trois falaises élèvent au-dessus des grands arbres du rivage leurs pentes d'argile rouge ravinées dans tous les sens, et le soir, quand le soleil éclaire diversement leurs sommets et que l'ombre se répand dans leurs gorges, elles ressemblent à d'immenses tentes de pourpre plantées au-dessus de la forêt.

Tous les voyageurs, M. Lyell surtout, ont remarqué que la rive droite est formée d'alluvions dans toute son étendue, et que les falaises sont toutes situées sur la rive gauche. Une fois seulement, près du village d'Helena, dans l'Arkansas, le fleuve se rapproche assez des collines de la rive droite pour qu'on puisse distinguer dans le lointain les hauteurs couvertes de forêts. Cherchant à expliquer cette tendance remarquable du fleuve vers la rive gauche de sa vallée d'alluvions, M. Lyell l'attribue aux grandes rivières venues de l'ouest, la Rivière-Blanche, l'Arkansas et la Rivière-Rouge, qui remplissent peu à peu de leurs détritus la partie occidentale de la vallée, et par le poids de leurs eaux rejettent le Mississipi vers l'est. Cette hypothèse est évidemment erronée. D'abord il est prouvé que la Rivière-Rouge se jette dans le Mississipi depuis une époque comparativement très récente, et quant à l'Arkansas, à la Rivière-Blanche et au réseau de canaux qui unissent ces deux affluens, il est impossible que le volume de ces cours d'eau, à peine aussi considérable que celui de la Seine à Paris, ait pu, sur une longueur de 1,800 kilomètres, rejeter vers l'est une masse liquide au moins dix fois plus grande et saturée d'une énorme quantité d'alluvions. D'ailleurs ce n'est point vis-à-vis de l'embouchure de l'Arkansas, et sous la pression de ses eaux, que le Mississipi va passer au pied des escarpemens de sa rive gauche : c'est au contraire immédiatement au-dessous de l'embouchure du Yazoo, qui lui-même est un affluent de l'est, que le Mississipi va sur la même rive baigner le pied de ses plus belles falaises, celle des Noyers et celle de Vicksburg. Est-ce donc sous la pression d'une petite rivière comme l'Arkansas que le Mississipi serait forcé d'empiéter sur sa rive gauche, comme si le grand fleuve qui roule tant d'alluvions ne pouvait pas aussi s'emparer de celles de l'Arkansas et suivre son cours régulier vers la mer, en balayant les quelques bancs de sable ou d'argile que son affluent aurait déposés dans ses crues?

Certainement le travail des rivières est d'une haute importance dans l'économie géologique du globe, mais il ne faut pas en exagérer les résultats. De même que les fonctions des organes du corps sont complexes, et qu'il faut interroger l'organisme tout entier pour comprendre le travail d'un seul viscère, de même, pour connaître le mouvement des eaux, faut-il interroger les solides, étudier les ondulations lentes de la croûte terrestre. Les cours d'eau modifient le relief du globe, mais seulement en agissant de concert avec le soulèvement ou la dépression des chaînes de montagnes et des vastes plateaux. Ainsi l'Indus traverse l'Himalaya, ainsi l'Amazone fait de rapide en rapide une large trouée dans la chaîne orientale des Andes; mais ces vastes entailles faites à travers les montagnes prouvent qu'il fut un temps où les chaînes n'existaient pas, et que depuis elles ont graduellement haussé leurs crêtes. De simples torrens n'auraient jamais pu s'ouvrir, par la seule violence de leurs eaux, un passage à travers des rochers hauts de 5,000 mètres sur une base de 200 kilomètres; mais grâce à la lenteur des ondulations terrestres, l'eau coulant depuis de longs siècles dans une vallée a pu approfondir graduellement son lit à mesure que le sol se renflait davantage, et garder parfaitement son niveau pendant que les hautes montagnes se dressaient à droite et à gauche de son cours.

C'est également aux mouvemens de la croûte terrestre, et non pas à la pression des eaux de l'Arkansas, qu'il faut attribuer l'empiétement graduel du Mississipi sur sa rive gauche. Cet empiétement est d'autant plus remarquable, que le simple mouvement de rotation de la terre autour de son axe devrait au contraire détourner le cours du fleuve vers le sud-ouest. En effet, les fleuves, de même que les vents et tout ce qui est mobile à la surface du globe, obéissent au mouvement d'impulsion qui entraîne la terre autour de son axe. Par conséquent, les cours d'eau qui viennent du nord, où la vitesse de rotation du globe est comparativement minime, doivent rester en arrière du mouvement, et dériver vers l'ouest à mesure qu'ils se rapprochent des contrées tropicales, où la vitesse de rotation est beaucoup plus considérable. Ainsi l'Indus, qui se jetait autrefois dans le golfe de Cusch, vers le 76ᵉ degré de longitude, a fini par éroder sa rive occidentale sur une largeur de plus de 1,000 kilomètres, jusqu'au 67ᵉ degré de longitude. Maintenant son courant vient heurter des collines de sable grossier près de Schwun, et les mine sans relâche.

La direction normale du Mississipi, comme celle de l'Indus, devrait tendre aussi vers le sud-ouest; mais, tout au contraire, son embouchure est de 6 degrés à l'est plus avancée que sa source au lac d'Itasca, et sans la ligne de falaises qui bordent la rive gauche, il est certain que le Mississipi se jetterait encore bien plus directement vers le sud-est. Dès qu'en aval de Bâton-Rouge il entre dans la plaine marécageuse de son delta, il coule presque en droite ligne dans ce sens, et forme également dans la même direction cette remarquable péninsule de vase, cette gaîne, si je puis dire ainsi, par laquelle il entre dans la mer. C'est la direction de cette gaîne qui me semble être la direction vraie du Mississipi, celle qu'il prendrait dans toute l'étendue de son cours, s'il n'était contenu par les terres élevées qui bordent sa rive gauche. Or cette direction est exactement la même que celle des Montagnes-Rocheuses.

Nous avons vu que la diminution graduelle de l'eau de pluie qui tombe dans le bassin d'Utah et dans la plaine du Mississipi ne peut s'expliquer autrement que par le soulèvement de la chaîne des Rocheuses, et si nous rapprochons ce fait d'autres faits géologiques observés dans l'Amérique du Sud, nous pouvons admettre que toute l'épine dorsale de ce continent, depuis le mont Saint-Élie jusqu'au cap Horn, subit un mouvement constant d'ascension. D'un autre côté, M. Lyell lui-même a démontré que les Carolines et la Géorgie, sur les bords de l'Atlantique, font partie d'une aire d'affaissement. Ainsi l'on peut considérer cette partie de l'Amérique du Nord comme une surface plane opérant un mouvement de bascule autour d'une arête d'appui située dans la vallée mississipienne. Les Rocheuses et les plaines du désert, qui forment la partie occidentale de cette surface, s'élèvent, tandis que les rivages de l'Atlantique, situés à l'est de l'arête d'appui, s'affaissent graduellement. De même qu'une goutte d'eau versée sur une table coule nécessairement dans le sens vers lequel on incline cette table, de même aussi le grand fleuve américain est forcément rejeté vers la partie du continent qui s'affaisse. Le continent tout entier penche vers l'est; par conséquent, le Mississipi penche dans le même sens, et la direction qu'il prend dans son delta indique la direction de l'arête sur laquelle oscille l'Amérique du Nord. Or cette direction est tout à fait parallèle à la crête des Montagnes-Rocheuses. Les levées d'argile qui bordent le Mississipi à son embouchure, les puissantes assises de la Sierra-Madre et de la Sierra-Nevada se sont alignées parallèlement sous l'influence d'une seule et même cause. De même encore tous les fleuves qui se déversent dans le golfe du Mexique, le Rio-Grande, le Rio-Pecos, le Nueces, le Colorado du Texas, le Brazos, le Trinity et le Neches, se dirigent uniformément vers le sud-est, indiquant ainsi par leur cours la normale d'oscillation, l'arête de soulèvement de l'Amérique du Nord.

V.

La première falaise que l'on rencontre après celles des Chicka-saws est la falaise de Memphis. Admirablement placée au rebord même du précipice au fond duquel le fleuve s'attarde au milieu d'îles vertes, dominée par un vaste entrepôt en forme de temple grec sur lequel on lit à plusieurs kilomètres de distance *sale of slaves* (vente d'esclaves), la ville de Memphis a tout à fait les dehors d'une cité impériale, et prétend justifier un jour le nom ambitieux qu'elle s'est donné. Déjà elle lutte pour la suprématie avec Nashville, la capitale de l'état du Tenessee, et son importance augmente rapidement.

Entre l'embouchure de l'Ohio et la Nouvelle-Orléans, le Mississipi ne reçoit aucun grand affluent sur sa rive gauche. Puisque aucun cours d'eau ne leur offre sa vallée, les riverains du Mississipi ont dû recourir à la construction de chemins de fer pour communiquer avec les Alleghanys et les rives de l'Atlantique, et tout naturellement Memphis est devenue le point de départ du plus important de ces chemins de fer, véritable courant commercial qui va désormais verser les produits de la vallée mississipienne dans les ports de Baltimore, Charleston et Savannah. De plus, Memphis deviendra nécessairement la tête d'une autre ligne ferrée se dirigeant vers les plaines de l'ouest et la Californie, et le commerce du Haut-Arkansas affluera vers Memphis comme vers sa véritable embouchure. Cette ville deviendra donc un point de croisement entre les produits du nord et du sud, de l'est et de l'ouest. Cependant Memphis n'a pas toujours demandé au commerce son progrès et ses ressources. Sous la présidence de M. Polk, la ville se fit accorder des arsenaux maritimes et des chantiers de construction. Les faiseurs de projets oublièrent que Memphis est à 1,500 kilomètres de la mer, et que souvent dans les basses eaux le fleuve n'a que 3 mètres d'eau en aval de l'embouchure de l'Arkansas. On construisit de vastes édifices, des corderies, des fonderies, des forges, des ateliers de toute espèce; puis, quand tout fut terminé, cales, chantiers, bassins, l'on s'aperçut avec étonnement que Memphis n'était pas un port de mer, et l'on revendit toutes les constructions pour une somme représentant la quarantième partie des frais de construction. Les cités du midi ne s'en remettent pas à leur seule énergie pour le soin de leur prospérité : c'est en cela qu'elles diffèrent des cités du nord. Dans les magasins de Memphis, les embarcadères des bateaux à vapeur, les gares de chemins de fer, on voit des affiches annonçant les heures de départ des trains sur les voies ferrées de l'Illinois et de l'Ohio, tandis que l'on a grande peine à obtenir quelques renseignemens sur les chemins de fer du Tenessee, l'état dans lequel est située Memphis. Ce fait seul indique combien les états libres sont plus entreprenans que les états à esclaves et entendent mieux leurs intérêts.

L'Arkansas et la Rivière-Blanche ont géologiquement une embouchure commune, bien qu'aujourd'hui les branches principales de chacun de ces affluens se déversent dans le Mississipi à une vingtaine de kilomètres l'une de l'autre. Les deux rivières et le fleuve lui-même sont unis par un réseau d'innombrables *bayous* (1) qui changent à chaque inondation de cours et de profondeur, et se jettent alternativement dans l'un ou l'autre des trois courans, selon la hauteur respective des crues. Quand le Mississipi est très élevé, il dégorge le surplus de ses eaux dans le système des *bayous*, et ceux-ci à leur tour se vident dans l'Arkansas et dans la Rivière-Blanche. Pendant la saison des eaux basses au contraire, alors que l'eau versée par le Mississipi dans les marécages de la région d'effondrement a eu le temps de se traîner de lagune en lagune jusque dans la Rivière-Blanche, celle-ci se charge à son tour d'alimenter le réseau de *bayous* qui l'unit au Mississipi et à l'Arkansas. Quand il a beaucoup plu dans les prairies de l'ouest, et que l'Arkansas s'est enflé plus que de coutume, alors la pression de ses eaux refoule dans les *bayous* celles du Mississipi, et pour un temps il s'empare du delta commun. C'est la partie de son cours où le Mississipi présente le mieux tous ces phénomènes d'engorgement qui se reproduisent sur les bords de l'Amazone d'une manière beaucoup plus grandiose. A l'embouchure du Japura surtout, l'Amazone forme avec cet affluent un réseau inextricable de *bayous* et de *fausses rivières* (2) qui semblent couler indifféremment dans l'un ou l'autre sens, et, sur un espace de plusieurs milliers de kilomètres carrés, promènent le superflu de leurs eaux de marécage en marécage à travers les forêts vierges. Ces systèmes de *bayous, caños* ou *furos*, comme on les appelle dans l'Amérique du Sud, ressemblent à ces engorgemens où l'abondance du sang se forme un réseau de fausses artères et de fausses veines.

L'Arkansas est une rivière beaucoup moins importante qu'on ne le croirait en voyant son tracé sur la carte. Bien qu'elle ait 3,500 kilomètres de long, depuis sa source dans les Montagnes-Rocheuses

(1) Les *bayous* sont des canaux remplis d'une eau croupissante qui coule tantôt dans un sens, tantôt dans un autre. Ce terme n'est pas dérivé du mot français *boyau*, comme on le répète souvent en Louisiane; il est plutôt un diminutif de *baie*. En effet, c'est par les nombreuses baies qui frangent le delta mississipien que les Français ont d'abord pénétré dans l'intérieur et reconnu le réseau des petites baies, *bayons* ou *bayous*, qui coupent la plaine dans tous les sens.

(2) Les *fausses rivières* sont d'anciens lits abandonnés par le courant d'un fleuve ou d'une rivière et transformés en lacs d'eau dormante.

jusqu'à son confluent avec le Mississipi, cependant elle ne saurait être
comparée pour le volume de ses eaux avec nos fleuves de premier
ordre, et pendant une très grande partie de l'année, la navigation
est interrompue même à son embouchure. La pluie qui tombe dans
les prairies poudreuses de l'ouest ne suffit pas pour alimenter une
grande rivière, et une notable partie de l'eau que reçoit l'Arkansas
s'évapore en route, ou bien est absorbée par les racines des arbres.
D'après M. Ellet et l'académie des sciences de la Nouvelle-Orléans, il
tombe dans la Basse-Louisiane 133 centimètres de pluie par an,
dans le bassin de l'Ohio 92 centimètres, et dans les déserts de l'ouest
seulement 2 centimètres. Aussi les rivières qui recueillent l'humidité de ce triste pays sont-elles d'une excessive pauvreté. Bien que la
Canadienne, principal affluent de l'Arkansas, ait 2,700 kilomètres de
longueur, il est impossible cependant de la remonter jusqu'à 80 kilomètres de son embouchure dans une simple pirogue d'Indien. Le
voyageur Boone l'a trouvée complétement à sec à 1,200 kilomètres
de sa source, c'est-à-dire à une distance aussi grande que celle de
la source du Danube à Pesth-Bude. L'explorateur américain Gregg
nous raconte que dans l'un de ses voyages, il erra plusieurs jours
avec sa caravane à la recherche de la rivière Cimarron (Fugitive),
ainsi nommée parce qu'elle disparaît souvent et qu'on cherche en
vain ses traces; à la fin, il reconnut à son grand désespoir qu'il
l'avait passée depuis longtemps, et que les sables l'avaient empêché
d'en distinguer le lit. Dans le Nouveau-Mexique, territoire grand
comme la France, il n'y a pas de rivière navigable; le célèbre Rio-
Grande lui-même roule à peine assez d'eau pour faire flotter une
pirogue. De l'autre côté des Rocheuses, dans la région qu'on pourrait appeler la Californie-Pétrée, pour la distinguer de la Californie-
Heureuse, l'eau est très rare aussi; on dit que le Colorado roule en
proportion soixante-dix fois moins d'eau que le Mississipi. C'est
donc avec raison que le gouvernement des États-Unis s'occupe d'ac-
climater le chameau dans ces plaines arides.

Le manque de rivières navigables a maintenu jusqu'ici l'état de
l'Arkansas dans une infériorité relative. Bientôt les chemins de fer
vont suppléer en partie à l'absence de communications fluviales;
mais, quoi qu'on fasse, le pays restera toujours l'un des moins beaux
et des moins importans de l'Amérique du Nord. Les terres y sont
en général peu fertiles, excepté dans les vallons boisés qui bordent
les rivières, et en beaucoup d'endroits on remarque sur le sol une
efflorescence saline. Le climat y est encore plus extrême que dans
les autres parties des États-Unis, et l'on a pu dans une de ses villes,
Fort-Gibson, observer à l'ombre la température plus que saharienne
de 47 degrés centigrades. Plus tard, les mines et les eaux thermales
de ce pays deviendront une source de richesses; aujourd'hui on ne

connaît encore dans l'Arkansas qu'une grossière agriculture, et d'autre travail que celui des esclaves.

Les colons de l'Arkansas portent la sauvagerie des mœurs plus loin que tous les autres pionniers de l'ouest. Jamais un habitant de cet état ne sort sans porter à la ceinture un poignard, un *revolver* ou le terrible *bowie-knife*, ~~terrible~~ lame de la longueur d'un pied, rappelant par sa forme les couteaux de boucher. « Il vaut mieux aller en enfer sans griffes, dit le proverbe, que dans l'Arkansas sans armes. » Dans une conversation grossière et avinée, l'insulte est prompte à jaillir des lèvres, et non moins prompt le couteau à sortir de sa gaîne et à fendre quelque poitrine. Aussi, malgré sa faible population relative, l'Arkansas fournit une notable proportion de crimes à la presse périodique des États-Unis, si avide de drames de ce genre. Que de fois des nègres criminels y ont été brûlés vifs, aux cris furieux de milliers d'hommes accourus pour jouir de la vue du supplice! Il va sans dire aussi que l'ignorance est générale dans l'Arkansas; les écoles y sont très clair-semées, et on n'y connaît guère en fait de livres que d'affreux petits opuscules souillés d'eau-de-vie; dans le relevé des bibliothèques publié en 1856 par le gouvernement des États-Unis, l'état de l'Arkansas ne figure que pour un total de deux mille volumes. Maintes superstitions, qu'on ne trouve en Europe que chez les hommes les plus dégradés, ont encore libre cours dans ce pays, et la populace ameutée y a parfois brisé les télégraphes électriques, pour empêcher les fils d'attirer l'ouragan. La capitale de l'Arkansas est le petit village de Little-Rock, situé, comme son nom l'indique, sur une falaise de médiocre élévation, et choisie uniquement à cause de sa position au centre de l'état. Napoléon, bâtie sur la rive droite de l'Arkansas, à son embouchure dans le Mississipi, est la ville principale de la contrée. C'est par là que sont exportés tous les produits de l'intérieur, coton, maïs, peaux de buffle, et qu'on expédie aux habitans de l'état presque tous les produits manufacturés dont ils ont besoin. Avec ses coupoles en bois, ses maisons peintes, la puissante végétation qui l'entoure, et son horizon de forêts sombres, Napoléon présente un aspect très pittoresque.

En aval de l'embouchure de l'Arkansas, et surtout de celle du Yazoo, la profondeur du Mississipi cesse d'augmenter. Des chutes de Saint-Antoine au confluent du Missouri, le minimum d'eau est de 1 mètre 30 centimètres dans le chenal; du confluent du Missouri à celui de l'Ohio, le minimum est de 2 mètres; de l'Ohio à l'Arkansas, il est d'au moins 3 mètres, mais la profondeur moyenne est beaucoup plus considérable. En aval du Yazoo, il n'y a plus de barres jusqu'à celle de l'embouchure dans le golfe du Mexique, et la profondeur moyenne est à l'étiage d'environ 36 mètres. L'endroit le moins profond est à Pointe-Coupée; là le fleuve n'est pas encore parvenu à creuser à plus de 24 mètres le lit que le travail de l'homme lui avait préparé, tandis qu'à Grand-Gulf ou Grand-Gouffre, au pied d'une falaise très escarpée, la sonde n'atteint le fond qu'à 64 mètres.

À quelques milles au-dessus de la charmante petite ville de Vicksburg, le Yazoo débouche dans le Mississipi par des canaux tranquilles et ombragés de saules. Cette rivière roule presque autant d'eau que l'Arkansas, bien que son cours ait cinq ou six fois moins de longueur : elle traverse un bassin d'alluvions très fertiles où la culture du coton réussit admirablement; mais un travail inintelligent vient de faire baisser le niveau de ses eaux et de la rendre inutile pour le transport des produits pendant une partie de l'année. Un bras du Mississipi, le Yazoo-Gate ou Porte-du-Yazoo, se détachait autrefois du courant principal au-dessus de Memphis, allait se jeter dans le Sunflower, affluent du Yazoo, puis dans le Yazoo lui-même, dont il doublait le volume; enfin il revenait vers le fleuve à 600 kilomètres de son origine. On a desséché ce bras pour mettre en culture les marais qu'il traversait; mais depuis lors le Sunflower et le Yazoo manquent tellement d'eau, que les planteurs sont obligés souvent d'attendre pendant de longs mois avant de pouvoir expédier leurs produits. Sans aucun doute, ils seront obligés de faire rouvrir à grands frais le canal qu'ils ont fermé si mal à propos. C'est toujours un douteux progrès que la suppression d'une rivière; il faut chercher, non pas à détruire, mais à régulariser les travaux de la nature.

Dans cette partie de son cours, le Mississipi vient effleurer la base d'un certain nombre de falaises ou *bluffs*, et sa physionomie commence à s'animer davantage. Chaque *bluff* porte sa petite ville, et c'est ainsi qu'on voit Vicksburg, Grand-Gulf, Petit-Gulf, Natchez, Fort-Adams, se dresser tour à tour au-dessus du fleuve et d'une mer ondoyante de verdure. Vicksburg, dont les maisons blanches et roses sont étagées en amphithéâtre sur une colline ombragée de noyers, est la plus importante de ces villes, et tôt ou tard elle deviendra, comme Memphis, un de ces points de croisement où l'artère centrale du Mississipi et l'un des chemins de fer de l'Atlantique au Pacifique se couperont à angle droit. Déjà l'on travaille activement à la voie qui de Vicksburg doit pénétrer dans l'intérieur du Texas, et se continuera plus tard, à travers le vaste plateau appelé par les Espagnols *Llanos estacados*, jusqu'à San-Diego de Californie. C'est à ces voies de communication en partie achevées que Vicksburg doit d'être la ville la plus populeuse de l'état du Mississipi, car tout point de croisement pour les marchandises et les voyageurs devient un point d'entrepôt et de séjour, un centre de population.

Natchez est la ville la plus ancienne de l'État du Mississipi. Dès leurs premières tentatives de colonisation, les Français construisirent un fort sur l'emplacement que la ville occupe aujourd'hui. Natchez devint bientôt la capitale du Mississipi moyen, mais depuis elle a beaucoup perdu de son importance relative. Cependant la position en est admirable. La ville occupe le sommet d'une falaise très escarpée que l'on gravit par une rampe pénible taillée dans le conglomérat rougeâtre. Du haut du rocher, planté d'arbres et disposé en promenade, on jouit d'une vue ravissante sur le Mississipi, qui déroule à travers la plaine ses longs méandres jaunâtres, et sur les champs de cannes, semés d'habitations et bornés au loin par un horizon de forêts sombres. La ville elle-même ressemble à ces *watering-places* d'Angleterre dont les maisons, éloignées les unes des autres, sont à demi ensevelies dans le feuillage. Quant aux environs, ils sont extrêmement pittoresques, et sur les rives du Mississipi, depuis les chutes de Saint-Antoine jusqu'à la Balize, on ne trouve point de site plus charmant. Les villas éparses çà et là sur les hauteurs, dans les bosquets de rosiers et d'azédarachs, sont toutes construites à l'italienne, et de vastes corridors y laissent pénétrer la fraîche brise du soir. A l'extrémité de tous les vallons, les ruisseaux plongent en magnifiques cascades dans de profondes et sauvages ravines graduellement affouillées par les pluies. Tout se réunit pour faire de Natchez un séjour enchanteur. C'est peut-être à ces avantages mêmes que la ville doit sa décadence : habitée seulement par des rentiers éloignés de leurs terres et non par la classe hardie et entreprenante des travailleurs américains, elle a vu peu à peu la vie l'abandonner. Chose inouïe, au lieu de faire construire de nouveaux chemins de fer, les habitans de Natchez ont mis aux enchères le seul tronçon qui les reliât avec l'intérieur! Les rails ont été vendus au quintal, et la voie n'est plus maintenant qu'un chemin vicinal boueux et coupé de fondrières. En Amérique, où la population se déplace si facilement, une ville peut sortir de terre dans l'espace de quelques années, mais elle peut de même y rentrer rapidement; aussi le sol des États-Unis est-il déjà parsemé d'innombrables ruines comme celui d'Europe. La fièvre jaune de 1855 a porté un nouveau coup à Natchez. A cette époque, on avait cependant pris les mesures nécessaires pour interrompre toute communication avec la Nouvelle-Orléans. Le drapeau jaune flottait sur les embarcadères, et les canons braqués du côté du fleuve menaçaient de couler les bateaux à vapeur et les barques qui auraient tenté d'aborder. Remontant au nord par la voie largement ouverte du Mississipi, les miasmes de mort n'en arrivèrent pas moins jusqu'à Natchez, et dans l'espace de quelques jours le quart de la population avait disparu. Natchez compte aujourd'hui 5,000 habitans.

Les méandres ~~et les deltas~~ sont très nombreux sur le cours entier du Mississipi, mais nulle part ils ne se suivent avec une régularité plus constante que dans la partie inférieure du cours moyen. En certains endroits même, le vaste circuit que fait le Mississipi dans la plaine d'alluvions lui donne la forme d'un grand lac annulaire dont l'île centrale ne serait rattachée au continent que par une étroite langue de sable. Souvent, après un long détour de plusieurs lieues en suivant le fil du courant, les embarcations se retrouvent à une faible distance et en vue du point qu'elles ont quitté plusieurs heures auparavant. Ainsi le détour de Terrapin, en amont de Vicksburg, a 25 kilomètres de développement, tandis que l'isthme qui sépare les deux anses est large de 600 mètres tout au plus. Le détour de Palmyre est encore plus remarquable, puisque la largeur de l'isthme est de 400 mètres seulement, tandis que le circuit total du fleuve a 33 kilomètres de long. Cependant tout grand cours d'eau, obéissant à la force de pesanteur, tend à s'écouler vers l'Océan par la pente la plus rapide, et l'on peut se demander pourquoi le Mississipi, dont le courant est si fort et la masse liquide si prodigieuse, ne se creuse pas un lit parfaitement rectiligne depuis sa source jusqu'à son embouchure. En effet, si aucune circonstance particulière ne contrariait l'œuvre du Mississipi, il est évident qu'il se ferait un canal en ligne droite, afin d'atteindre son maximum de pente; mais il suffit d'un obstacle placé en travers du courant ou d'une impulsion latérale quelconque imprimée à la masse liquide. pour faire dévier le fleuve à droite ou à gauche. La première déviation une fois obtenue et la première anse formée, le cours d'eau est forcément rejeté de détour en détour, et descend vers la mer par une succession de méandres égaux, car la loi de la réciprocité des anses n'est autre que la loi du pendule. Si la différence des terrains et la grande variété des couches n'y mettaient obstacle, un cours d'eau qui recevrait à son origine une impulsion latérale quelconque décrirait jusqu'à son embouchure une longue suite de courbes géométriquement égales; mais les couches de la rive sont diversement solubles et friables, de sorte que les anses s'arrondissent très inégalement. Quand la force du courant vient frapper le sommet d'une anse, l'eau déchire le terrain, délaie et dissout les particules solubles, entraîne le sable et le gravier; mais en même temps elle se brise contre l'obstacle qu'elle affouille et rejaillit en sens inverse sur le bord opposé, où elle déchire et fouille encore pour être de nouveau rejetée sur l'autre rive, où elle recommence ses travaux d'excavation. Tandis que le courant affouille alternativement chaque bord, les alluvions se déposent dans les parties les plus tranquilles et les moins profondes, c'est-à-dire à l'extrémité des pointes que la masse du courant évite par un long circuit. Ainsi un double travail s'opère toujours sur un même point du fleuve : au fond de l'anse, érosion; sur la pointe opposée, dépôt d'alluvions. Sur une même rive, le travail géologique du courant change à chaque détour; ici il emporte, plus bas il apporte, plus bas encore il emporte de nouveau, et ainsi jusqu'à la mer. Les alluvions, pendant leur grand voyage, opèrent incessamment un mouvement de zigzag et se promènent d'un bord à l'autre bord.

Quand la résistance opposée par le rivage à l'action du courant qui l'affouille est très forte, le fleuve, sans cesse rejeté, développe son arc de cercle au point de décrire une circonférence presque complète. Sur la même rive, l'anse supérieure et l'anse inférieure se creusent en sens inverse l'une de l'autre, le fleuve rétrécit constamment l'isthme ou cou qui rattache encore la péninsule aux plaines adjacentes; enfin l'isthme disparaît, les deux anses se rejoignent, et le méandre du fleuve devient une parfaite circonférence. Alors toute la masse des eaux se précipite en ligne droite le long de la pente rapide produite par la différence de niveau existant entre les deux anses qui viennent de se rejoindre, tandis que l'eau qui reste dans l'ancien lit y devient paresseuse et dormante. Les flots rapides et bourbeux du lit supérieur effleurent en passant la masse tranquille de l'ancien méandre; par suite de ce frottement, qui retarde leur vitesse, ils laissent tomber les débris terreux qu'ils tenaient en suspension, et c'est ainsi que se forment graduellement des levées de sable et d'argile entre l'ancien et le nouveau lit. Le méandre finit par n'avoir plus aucune communication avec le vrai courant du fleuve; ses eaux deviennent stagnantes, il se transforme en lac. Le nombre de ces lacs annulaires est très grand sur les deux rives du Mississipi; on dirait trois fleuves, dont l'un vivant et rapide roule ses eaux sans interruption de sa source à la mer, tandis que les deux autres, l'un à droite et l'autre à gauche, sont de vrais cadavres, dont les vertèbres éparses le long du fleuve vivant indiquent encore la place où se déroulaient leurs anneaux.

Depuis que les bords du Mississipi sont habités, c'est-à-dire depuis environ cent cinquante ans, trois vastes détours au moins sont devenus des lacs annulaires ou *fausses rivières,* et ne communiquent plus avec le courant que dans la saison des crues. La première coupure s'opéra vers le commencement du siècle dernier, lorsque les premiers colons français débarquaient en Louisiane. Le gouverneur Iberville eut l'honneur de débarrasser le nouveau canal des troncs d'arbres qui l'obstruaient, et donna à cette partie du fleuve le nom de Pointe-Coupée, qui lui reste encore. Une seconde coupure, connue sous le nom de Fer-à-Cheval (*Horse-shoe cut-off*), s'est formée d'elle-même, il y a une trentaine d'années, à quelque distance de l'embouchure de l'Arkansas; ce canal évite aux embarcations

un détour de plus de 50 kilomètres. La troisième coupure, le Rac-
courci, doit en partie sa formation au travail de l'homme : à travers
l'isthme, on creusa un simple fossé de 4 ou 5 mètres de large et
de 2 mètres 1/2 de profondeur; on espérait bien que le Mississipi,
dans sa première crue, se chargerait de s'excaver un lit à sa taille.
En effet, six mois après, les eaux du Mississipi s'écoulaient par le
nouveau tracé, et l'ancien lit était devenu une *fausse rivière.*

Il est évident qu'il serait bien facile d'aider le Mississipi à couper
tous les isthmes qui l'empêchent de descendre directement vers la
mer. Malheureusement cette rectification, qui serait très utile au
commerce, créerait de grands dangers à l'agriculture. En effet,
l'isthme peut être comparé à une écluse qui empêche les eaux du
bief supérieur de se jeter dans le bief inférieur. Qu'on ouvre l'écluse,
aussitôt l'eau baissera dans le bief d'amont, et le niveau du bief
d'aval s'élèvera. Ne pouvant écouler à la fois toute cette masse
d'eau qui lui arrive, il emportera ses digues à droite et à gauche, et
couvrira les campagnes.

Il y a quelques années, des planteurs de Palmyre, dont les terres
sans doute étaient situées en amont de l'isthme, firent creuser un
simple fossé que le Mississipi n'aurait certainement pas tardé à
choisir pour son véritable lit, au grand détriment des plantations
d'aval; heureusement les habitans dont les propriétés étaient me-
nacées entendirent parler de la terrible conspiration qui se pré-
parait contre eux, et avant l'époque de la crue ils eurent encore le
temps d'envoyer des travailleurs pour combler le fossé. Une masse
d'eau comme celle du Mississipi, descendant tout d'un coup avec
une pente de plus d'un mètre par un canal de 400 mètres de long,
aurait pu causer d'effrayans désastres. Pour un temps, le malheur
a été détourné; mais là comme ailleurs l'isthme peut se rompre su-
bitement. Il ne faudrait rien moins que canaliser le fleuve dans
toute sa longueur, depuis les chutes de Saint-Antoine jusqu'à la
Balise, pour mettre d'accord tous les intérêts, ceux de l'agriculture
et du commerce, ceux des habitans d'amont et des habitans d'aval :
dans ce cas, la pente serait égale partout. Ce travail de canalisa-
tion est immense, mais non pas impossible, car il ne s'agit pour la
science que de préparer la besogne au Mississipi lui-même, et d'o-
bliger ce rude travailleur à se creuser son propre lit.

Un peu au-dessous de la petite ville de Fort-Adams, très gracieusement située sur une colline qui domine comme une citadelle un
vaste détour du fleuve, un bras de la Rivière-Rouge, ainsi nommée
à cause de la couleur de ses eaux, débouche dans le Mississipi. Vis-
à-vis de cette embouchure, je fus un jour témoin d'une scène qui
peint les Américains sous leurs plus tristes couleurs, mais qui heureusement n'eut aucune suite fâcheuse. Le bateau à vapeur la

Princesse, sur lequel je me trouvais alors, remontait le fleuve avec une rapidité de quinze nœuds à l'heure. Un petit bateau, la *Cérès*, qui se trouvait à notre droite, mais bien en avant, se dirigeait vers l'embouchure de la Rivière-Rouge. Il fallait donc qu'elle passât devant nous; mais le pilote compta sans doute trop sur la vitesse de son navire, et la *Princesse* n'était plus qu'à une centaine de mètres de la *Cérès*, quand celle-ci essaya de croiser l'axe de notre route. Le capitaine et les officiers du bateau menacé accoururent vers l'arrière, levant les bras au ciel, envoyant des supplications et des cris de fureur à notre pilote. De leur côté, tous les passagers de la *Princesse* étaient à l'avant, jouissant de la consternation et de l'effroi de ceux qui dans une minute peut-être se débattraient dans les flots; pas une voix ne s'élevait pour crier au capitaine d'arrêter son navire. Il y avait à peine quelques mètres de distance entre le taille-lame de la *Princesse* et le tambour de la *Cérès*, quand notre capitaine, de l'air d'un homme qui a suffisamment savouré le désespoir d'autrui, fit négligemment un signe à son pilote. La *Princesse* avança encore pendant quelques secondes par suite de sa force d'impulsion, puis elle resta stationnaire et descendit enfin avec le courant. La *Cérès* était sauvée, et les passagers de la *Princesse* rentrèrent dans la grande salle en s'extasiant sur la générosité de leur capitaine.

Il est rare que deux bateaux à vapeur du Mississipi suivent la même direction sans lutter de vitesse, « tirer la course, » comme on dit en Louisiane. On a vu des capitaines, dans leur désir sauvage de sortir vainqueurs de la lutte, s'asseoir sur la soupape de sûreté et donner leurs ordres de ce siége improvisé. D'autres, furieux de se voir devancés, ont essayé de couler le navire ennemi, ou bien ont tiré des coups de pistolet sur le pilote qui le dirigeait. Ces courses occupent les loisirs des passagers pendant les longs voyages de huit, dix et quinze jours de la Nouvelle-Orléans à Saint-Louis ou à Cincinnati. La vie est si uniforme à bord et les spectacles qu'offrent les rivages du Mississipi se ressemblent tellement sur une longueur de plusieurs centaines de lieues, que la perspective d'un incident ou même d'un danger plaît à toutes les imaginations. Quand la « tire à la course » manque, on en est réduit à la promenade sur l'avant du bateau ou sur le *hurricane-deck*, terrasse bitumée couronnant les deux étages de cabines. De cette terrasse, située à une quinzaine de mètres au-dessus du fleuve, on jouit, le soir, d'une admirable vue sur les forêts de l'horizon et sur les eaux du Mississipi, qui reflètent dans leur sein les nuages empourprés de l'occident. La beauté de la nature a néanmoins peu d'attraits pour les Américains : aussi les repas sont-ils la grande occupation de la journée à bord des bateaux. A peine

le gong a-t-il résonné pour convoquer au festin les deux ou trois
cents passagers, que ceux-ci accourent comme des écoliers, attendent avec impatience que les dames soient assises, puis se ruent
sur les plats, entassent devant eux les viandes et les pâtisseries, et
mettent la table complétement au pillage. Après le repas, les dames
retournent dans leur salon réservé, tandis que le sexe fort se
dirige vers la table de jeu ou vers la buvette, et s'installe dans la
tabagie pour digérer péniblement. Quand les passagers blancs se
sont levés de table, les officiers du navire viennent manger à leur
tour, puis les domestiques blancs, et enfin les esclaves. Bientôt
après sonne l'heure d'un nouveau repas; le gong retentit une seconde fois, et, comme s'ils étaient à jeun, les passagers blancs reviennent avec un appétit formidable se précipiter à la curée. C'est
ainsi que festins succèdent à festins, et la vaste table du bord est
toujours servie.

Parfois aussi un incendie vient animer cette vie monotone. Il est
extrêmement rare qu'un bateau à vapeur chargé de coton ne prenne
pas feu une ou plusieurs fois pendant son voyage de descente. Les
balles sont empilées tout autour des cabines jusqu'au-dessus du
hurricane-deck; les machines et les chaudières elles-mêmes sont
tellement entourées de balles que les chauffeurs ont à peine la place
nécessaire pour se mouvoir, et qu'il ne reste plus que deux ou trois
pouces d'intervalle entre le fer chauffé au rouge et la matière in-
flammable; des jours ménagés entre les balles de distance en distance laissent échapper des bouffées d'une intolérable chaleur. Il
suffit donc d'une simple étincelle pour causer un incendie prévu,
que des pompes disposées d'avance aux endroits les plus dangereux
doivent instantanément éteindre. Cependant, les statistiques le disent assez, on ne réussit pas toujours à étouffer les flammes, et depuis 1812, époque du lancement du premier bateau à vapeur sur
le Mississipi, plus de quarante mille personnes ont trouvé la mort
sur ce fleuve par des incendies, des chocs ou des explosions. La
durée moyenne d'un bateau à vapeur n'est que de cinq ans.

A partir de Fort-Adams, on s'approche rapidement de ce qu'on
pourrait appeler la zone maritime ou le delta du Mississipi. Le fleuve
va se trouver en présence de la mer. C'est un nouvel ordre de phénomènes qui appelle ici l'attention du savant, et qui doit être examiné
à part. Le Mississipi ne paraîtra pas moins grand dans sa rencontre
avec l'Océan que dans sa longue course à travers les solitudes
qui seront un jour les plus riches territoires du continent nord-
américain.

ÉLISÉE RECLUS.

LE MISSISSIPI

ÉTUDES ET SOUVENIRS

II.

LE DELTA ET LA NOUVELLE-ORLÉANS.

I.

Entre la partie maritime du Mississipi, qui commence avec la première branche de son delta, et la partie continentale du fleuve, objet d'une précédente étude (1), la zone intermédiaire qu'on observe dans tous les grands cours d'eau n'existe pour ainsi dire pas. A 600 kilomètres de la mer, immédiatement au-dessous de l'endroit où la Rivière-Rouge débouche dans le fleuve, la bifurcation du Mississipi et de l'Atchafalayah marque en quelque sorte le seuil d'une région nouvelle où le déploiement de l'activité humaine vient de plus en plus varier les grands spectacles de la nature.

La Rivière-Rouge prend son origine dans le plateau des *Llanos estacados*. Pendant longtemps, on en a vainement cherché la source principale, et les contradictions des explorateurs prouvent que cette source ne doit pas être toujours cherchée dans la même partie du désert, et qu'elle se rapproche ou s'éloigne du pied des Montagnes-Rocheuses selon la plus ou moins grande abondance des pluies. Le

(1) Voyez la *Revue* du 15 juillet.

plateau des Llanos couvre une superficie de plusieurs centaines de
mille kilomètres carrés, et monte insensiblement des plaines du
Texas jusqu'à la hauteur de 200 ou 300 mètres. Comme un grand
nombre d'anciens bassins maritimes aujourd'hui transformés en déserts, il manque presque complétement d'eau. Les ruisseaux qui le
traversent sont presque toujours taris : ils ont pu cependant peu à
peu creuser dans le sol calcaire des *cañons* profonds, aux flancs perpendiculaires, que de loin rien ne fait soupçonner dans la solitude
sans bornes. On peut arriver jusque sur le bord d'un précipice en
se croyant toujours sur une surface aussi unie que celle d'un lac,
lorsque tout à coup le sol s'entr'ouvre et se dérobe sous les pas.
Souvent on ne peut traverser le maigre filet d'eau qu'on voit à ses
pieds et atteindre le sommet du rocher qui se dresse à un jet de
pierre au-delà du gouffre qu'après avoir hasardé sa vie pendant
plusieurs heures d'une marche périlleuse sur le flanc des abîmes.
Le grand chemin de fer du Texas à San-Diego de Californie passera
tôt ou tard à travers cet aride plateau; on craignait d'abord que le
manque d'eau ne créât aux ingénieurs des obstacles insurmonta-
bles; mais des recherches récentes ont prouvé qu'une vaste couche
de sables aquifères s'étend sous la surface du désert à 200 mètres
de profondeur moyenne.

La Rivière-Rouge ne présente rien de remarquable depuis sa
source jusqu'au lac Caddo et à l'immense agglomération d'arbres
sous laquelle ses eaux se perdent, comme se perdaient autrefois
celles du Rhône sous une voûte de rochers. Rien ne peut donner
une idée de cet entassement fabuleux de troncs enchevêtrés par
les racines et par les branches. Étendus dans la fange du rivage,
ou dressant leurs têtes fantastiques hors de l'eau noirâtre, ils ressemblent aux antiques plésiosaures qui jadis se traînaient dans le
chaos vaseux. Il est facile de comprendre comment s'est formé cet
énorme « embarras » ou *raft* de troncs d'arbres flottans. Supposons
que dans une de ses crues le Mississipi ait refoulé les eaux de la
Rivière-Rouge et changé le confluent en un vaste lac d'eau stagnante, il est évident que tous les arbres entraînés en dérive par les
deux fleuves auront été rejetés par les courans dans cet estuaire
tranquille et y auront formé un vaste radeau tournoyant. Après le
passage de la crue, cette agglomération d'arbres flottans se sera en
grande partie échouée sur la barre et sur les bancs de sable, et de
nouveaux arbres charriés par la Rivière-Rouge auront augmenté
sans cesse la longueur du radeau; tandis qu'en aval le courant du
Mississipi ne dégageait les troncs que lentement et l'un après l'autre.
C'est ainsi que l'obstruction, remontant sans cesse, s'est avancée
comme une digue flottante jusqu'à près de 500 kilomètres du con-

fluent de la Rivière-Rouge et du Mississipi. Depuis 1833, l'extrémité supérieure de « l'embarras » a remonté de 50 kilomètres vers la source de la Rivière-Rouge avec une vitesse moyenne de 2 kilomètres par an. L'eau refoulée ne trouve plus d'issue que par les *bayous* et les lagunes, et, s'élevant en amont de l'obstacle comme l'eau d'un ruisseau en amont d'une écluse, envahit graduellement les terres avoisinantes. La vaste surface occupée maintenant par le lac Caddo était encore une prairie vers la fin du siècle dernier, et les Indiens chassaient le buffle là où les bateaux à vapeur font entendre aujourd'hui leur lugubre ronflement. Le lac Bistineau s'est aussi formé de la même manière; il offre une profondeur moyenne de 5 ou 6 mètres, et les troncs ébranchés des *cyprès* sont encore debout au milieu de l'eau, comme si la plaine n'était inondée que depuis hier. Rien de plus étrange et de plus triste à la fois que ces forêts aux troncs noirs et carbonisés par l'humidité du lac. Ce n'est pas le chaos primitif, mais c'est le chaos plus désolé encore qui succède à une création détruite. L'eau sans reflets se putréfie autour des troncs; les îles noirâtres et vaseuses émergent vaguement hors de l'eau, semblables au dos de quelque animal gluant; les crocodiles dorment à demi submergés dans la boue, et l'aigrette, immobile sur un pied, semble rêver philosophiquement sur le néant des choses.

En 1833, le gouvernement de la Louisiane fit commencer les travaux pour la destruction de « l'embarras » de la Rivière-Rouge. Ce radeau naturel avait alors 200 kilomètres de longueur environ; maintenant il n'en a plus que 25, et dans quelques années il aura cessé d'exister. Alors les lacs qu'il avait formés se dessécheront graduellement, et pour retrouver un mélange chaotique de rivières, lagunes, forêts vivantes et forêts mortes, semblable à celui de « l'embarras », le voyageur devra, sur les bords de l'Amazone, parcourir les *furos* mystérieux du Japurà et du Putumayo.

Les troncs entraînés en dérive par le courant du Mississipi lui-même sont de moins en moins nombreux chaque année, et par suite la physionomie du fleuve change de caractère. Encore de nos jours, pendant les crues annuelles, de gros troncs d'arbres descendent le fil du courant sur le sommet de la vague d'inondation, et de loin leur procession solennelle ressemble à une armée de gigantesques cétacés; mais, il y a dix ou vingt ans, les arbres arrêtés sur les pointes ou dans les anses du fleuve formaient des masses enchevêtrées et tellement inextricables qu'on pouvait s'avancer sans crainte jusqu'à un demi-kilomètre du bord; la même crue qui entraînait le lit de troncs entrelacés en apportait un nouveau. Quelques-uns de ces arbres avaient de formidables dimensions et mesuraient jusqu'à vingt pieds de diamètre. Aujourd'hui le courant du fleuve ne charrie plus de pareils géans; les scieries échelonnées de distance en distance sur le bord arrêtent les grosses pièces à leur passage, et, pendant les crues, on voit les petites barques s'éparpiller à la poursuite du bois flottant, comme des insectes à la recherche d'une proie.

Sur les bancs de sable du Mississipi se trouvent encore beaucoup de ces dangereux troncs d'arbre appelés *snags* ou *sawyers* par les Américains et *chicots* par les créoles. Retenus d'abord par une racine ou par une branche, ces troncs d'arbres s'engagent peu à peu sous la masse des alluvions par l'une de leurs extrémités, tellement que les crues ne peuvent plus les emporter et que l'eau finit par les recouvrir en entier. Alors la force du courant aiguise leur extrémité libre et l'affile comme une pointe de poignard sur laquelle les bateaux mal dirigés courent grand risque de s'entr'ouvrir. Près du Caire, il existait encore, il y a quelques années, un terrible *chicot* sur lequel trois bateaux à vapeur sont venus se heurter dans une même saison; à lui seul, ce tronc d'arbre mal placé a causé au commerce une perte de 500,000 francs. Pour extraire les *chicots*, on emploie d'énormes et puissantes machines montées sur deux bateaux à vapeur accouplés et doublés de fortes plaques de fer; au moyen d'une chaîne et de pinces suspendues à l'avant, ces machines saisissent les troncs d'arbres, les redressent graduellement, les dégagent de la vase, et, par le moyen de rouleaux, les ramènent à l'arrière, d'où ils tombent dans le fleuve et flottent au gré du courant. Malheureusement le nombre des bateaux extracteurs est beaucoup trop restreint; il était de quatre seulement en 1856.

Malgré la diminution remarquable du bois de dérive pendant les dernières années, l'étranger qui voit le Mississipi pour la première fois n'en est pas moins frappé d'une espèce de stupeur à la vue de l'immense quantité d'arbres dont il est entouré. Dans quelque direction que se porte le regard, de vastes forêts noirâtres bordent l'horizon, les troncs dégarnis de leurs branches descendent lentement le courant du fleuve, et la rive est parsemée d'arbres échoués. Le sol lui-même consiste en couches alternatives de sable, d'argile et de troncs qui, dans les temps antiques, ont été déposés par les inondations. Tout le delta de la Basse-Louisiane est une immense houillère en formation pour les âges futurs; mais c'est dans la vaste région alternativement inondée par le Mississipi, la Rivière-Rouge et leurs affluens, qu'on observe dans toute sa gloire la puissance de la vie végétale. Les bras du fleuve, les ruisseaux, les marécages semblent s'y mélanger avec les forêts dans un désordre inextricable, et cependant, si un immense incendie pouvait mettre à nu toute cette partie de la Louisiane, on remarquerait une certaine régu-

larité dans la configuration du sol et dans la direction des veines
d'eau qui le parcourent dans tous les sens. Tout ce terrain d'alluvions a été si souvent manié et remanié par les eaux qu'il se compose
entièrement d'anciens lits de rivières et d'anciens dépôts de vase
alternant ensemble et affectant une direction plus ou moins parál-
lèle; on dirait d'énormes sillons creusés par quelque géant dans une
campagne inondée et séparés l'un de l'autre par des fossés d'une
largeur inégale.

Dans cette région marécageuse, la configuration des îles et des
péninsules du fleuve change presque incessamment. On dirait que
le sol lui-même participe de l'eau pour la mobilité. L'œil se perd
dans le dédale des rivières, des canaux qui s'entre-croisent de chaque côté du Mississipi, et cependant la hauteur relative des arbres
qui s'élèvent sur les rivages indique d'une manière tangible, pour
ainsi dire, quels ont été les changemens successifs opérés dans le
cours des dernières années. En effet, les jeunes arbres semés par
les inondations périodiques du Mississipi sont disposés par étages
qui se dressent l'un au-dessus de l'autre comme des témoins de
l'âge respectif de chaque lit d'alluvions. Toute nouvelle inondation, en apportant son île ou sa langue de sable, apporte aussi
des semences qui germent et croissent avec l'uniformité la plus parfaite, de manière à produire des arbres dont les sommets forment
une ligne presque aussi horizontale que le niveau du fleuve. Ces
lignes tracées dans l'air par les cimes des arbres indiquent exactement quelle était la direction du courant lors de telle ou telle inondation, et dessinent de vraies cartes aériennes des lits successifs du
Mississipi pendant les années précédentes. On voit parfois jusqu'à
neuf couches d'alluvions vivantes d'arbres superposées avec la plus
parfaite régularité, comme les gradins d'un gigantesque escalier
de verdure où souvent le peuplier alterne avec le saule. L'eau, cet
élément mobile dont on a fait le symbole du changement, la végétation, cette force capricieuse qui n'a jamais produit deux objets iden-
tiques, se sont coalisées pour former des massifs tellement géomé-
triques dans leurs contours, que de loin on les prendrait pour des
murailles, des bastions ou autres ouvrages de l'homme. Quand les
eaux sont basses et que les berges du fleuve, abruptes et calcinées
par le soleil, prennent l'apparence de rochers et de falaises, alors
chaque île, chaque promontoire que l'on voit se dessiner dans le
lointain semble porter son château-fort, et le Mississipi prend un
caractère héroïque, comme le Danube et le Rhin.

La Rivière-Rouge n'est, — qu'on nous permette cette expression,
— qu'un affluent provisoire du Mississipi. Dans une période géologique assez rapprochée de nous, cette rivière se déversait dans le

golfe du Mexique par une embouchure indépendante, et si le travail
de l'homme n'y met obstacle, il est probable qu'avant peu elle s'iso-
lera de nouveau. Déjà ce cours d'eau ne communique plus avec le
Mississipi que par un large canal auquel on a donné le nom de
Vieille-Rivière, et, sans les travaux des ingénieurs louisianais, la
navigation finirait par devenir impossible entre les deux fleuves.

Le nombre des bouches du delta mississipien change, on le de-
vine, de siècle en siècle. Outre le Mississipi proprement dit, les
branches du delta sont aujourd'hui l'Atchafalayah, le *bayou* Pla-
quemine et le *bayou* Lafourche; les autres ont été supprimées par
les atterrissemens du fleuve ou par le travail de l'homme. Il y avait
jadis un autre large effluent, le *bayou* Iberville, qui se déversait
dans la mer par les lacs Maurepas et Pontchartrain, et qui n'aurait
pas manqué d'acquérir une grande importance commerciale, si on
avait eu soin de l'entretenir; mais de nos jours ce canal est presque
oblitéré, et ne communique avec le lac Maurepas que pendant la
période d'inondation. On dit que le général Jackson le fit obstruer
quelque temps avant la bataille de la Nouvelle-Orléans, afin d'empêcher les Anglais de remonter par cette branche et de redescendre
avec le courant du fleuve sur la capitale de la Louisiane; cependant
il paraît que les « embarras » d'arbres et les atterrissemens de vase
avaient déjà commencé, il y a plus d'un siècle, à oblitérer l'entrée
du *bayou*, et Jackson n'a eu tout au plus qu'à compléter le travail
de la nature.

On comprend qu'après la déroute des Anglais personne ne se soit
occupé de déblayer le sable et les troncs d'arbre que le général
avait fait jeter à l'entrée du *bayou*, car alors le trafic était peu considérable; mais depuis que le commerce dépense de si vastes capi-
taux pour augmenter le réseau de la navigation, on se demande
comment il est possible de laisser cette bouche du Mississipi plus
longtemps fermée. Il est probable que les capitalistes de la Nouvelle-Orléans se refusent à ouvrir une issue qui permettrait aux
bateaux à vapeur du Haut-Mississipi d'aller directement à Mobile et
à la Havane, et de cette manière ôterait à leur ville une grande partie de son commerce. Du reste, le projet qu'ils ne manqueront pas
de mettre à exécution tôt ou tard est beaucoup plus avantageux. A
quelques kilomètres au-dessous de la Nouvelle-Orléans, le fleuve
se rapproche tellement d'un golfe de la mer appelé Lac-Borgne,
qu'il semble presque vouloir s'y jeter; un *bayou* navigable et facile
à approfondir diminue encore de moitié la largeur de l'isthme qui
sépare le Mississipi de la mer, de sorte qu'il suffirait de creuser
une tranchée de 2 ou 3 kilomètres de longueur dans un sol extrêmement facile à travailler pour obtenir une large communication

entre la Nouvelle-Orléans et le golfe du Mexique. Il est temps que
la métropole du Mississipi ait aussi son canal de Newdiep, comme
Amsterdam; les canaux qui la font communiquer avec le lac Pontchartrain sont étroits, profonds de 2 mètres et demi seulement, et
s'arrêtent dans les faubourgs, au lieu d'opérer leur jonction avec le
fleuve lui-même. Cependant ils sont d'une haute importance pour
le commerce : de quelle utilité ne serait donc pas un grand et vaste
canal, creusé de manière à donner accès aux plus forts navires, et
leur évitant le passage de la barre et 100 kilomètres de navigation
sur le Mississipi!

<h2 style="text-align:center">II.</h2>

Depuis le sommet du delta jusqu'à l'endroit où le bras principal
se jette dans la mer par quatre ou cinq branches épanouies comme
celles d'un éventail, les bords du Mississipi perdent leur aspect
sauvage, et les champs cultivés font succéder leur panorama à celui
des forêts silencieuses. Cependant l'ensemble du paysage conserve
toujours un caractère grandiose dans sa monotonie même, car les
champs, les habitations, les sucreries se présentent successivement
au regard avec une si complète uniformité sur une longueur d'environ 600 kilomètres qu'ils semblent n'être plus qu'un simple décor
pour le fleuve, et que celui-ci roule seul dans sa superbe majesté,
semblable à une mer en mouvement.

Il suffit d'avoir vu en un point le Bas-Mississipi pour le connaître
aussitôt dans toute la longueur de son cours. Le long de chaque
rive se développe la levée ou digue en terre, assez mal entretenue,
qui doit résister à l'énorme pression de la crue; derrière la levée
court le chemin latéral, tellement inférieur au niveau des inondations qu'on le dirait creusé dans le sol; puis, encore au-delà, s'élèvent de distance en distance les maisons carrées et à colonnes des
planteurs, les sucreries avec leurs grosses cheminées de briques,
les cases à nègres semblables à des alvéoles d'insectes travailleurs.
Tous ces petits villages, à demi cachés par des groupes de pacaniers
et d'azédarachs, dont la base est complétement enfouie sous l'uniforme verdure des champs de canne, se ressemblent tellement que
le voyageur emporté par un bateau à vapeur croirait avoir toujours
le même paysage sous les yeux; bien des propriétaires eux-mêmes,
revenant d'un voyage, ne savent pas reconnaître leur habitation,
tant l'uniformité des rives a rendu leur regard incertain. Tous les
champs cultivés forment des carrés longs disposés parallèlement
entre eux et perpendiculairement au Mississipi; rarement ils s'étendent jusqu'à plus d'un kilomètre du bord : au-delà, le terrain est

généralement trop bas pour qu'on puisse le cultiver avec succès, et de hauts cyprès couvrent le sol fangeux.

L'uniformité d'un paysage ne fait aucun tort à sa beauté, et le Mississipi en est un magnifique exemple. Il est délicieux de se promener le soir près des fraîches maisons du bord, parmi les fleurs des jardins, alors que la brise maritime vient purifier l'atmosphère énervante, et que les insectes odorans commencent à voler au hasard. A l'ouest, les nuages pourpres nagent dans une atmosphère violette; à l'est, l'ombre de la terre, projetée sur le ciel, se dessine comme une arche noire; de tous les points de l'horizon jaillissent de silencieux éclairs. Sur la rive opposée, les maisons à colonnades et les hauts pacaniers reflètent dans l'eau leurs tremblans contours. Les martinets, qui le matin s'étaient envolés vers la rive gauche, reviennent tous ensemble vers la rive droite, et semblent tomber du ciel comme les flocons de neige pendant nos jours d'hiver. Aucun bruit ne se fait entendre, si ce n'est le beuglement de quelque taureau lointain, le coassement des grenouilles, ou la voix du chasseur qui se prolonge en échos sur le fleuve. On éprouve un sentiment de paix et de bonheur, encore augmenté par la vue de ce courant qui entraîne, puissant et terrible, les eaux de tout un continent, sans même faire entendre le murmure d'un ruisseau. En deux battemens de pouls, un million de pieds cubes d'eau s'est écoulé, et cependant cette masse énorme ne produit pas le moindre frémissement dans l'atmosphère qui pèse sur elle avec un poids de dix millions de tonneaux par kilomètre carré. Il y a quelque chose d'effrayant dans ce silence de la force.

La grande industrie agricole du delta mississipien est la culture de la canne à sucre, et cette plante s'harmonise si bien avec le caractère du paysage qu'elle semble en être le complément indispensable. En été et en automne, les champs de cannes apparaissent comme de grandes masses carrées où les feuilles et les tiges sont tellement rapprochées et pressées qu'elles forment pour ainsi dire un énorme cube de végétation. Atteintes de bonne heure par les froids subits de l'atmosphère, les cannes de la Louisiane ne produisent pas de fleurs comme celles des Antilles, et ce manque de fleurs, joint à la multiplicité des feuilles droites et acérées, donne à la végétation une apparence répulsive et sombre. Des armées entières pourraient sans être vues circuler dans les chemins de service qui coupent les plantations à angles droits, car les cannes s'élèvent à une si grande hauteur qu'elles arrêtent la vue comme des murailles, et qu'un homme à cheval n'atteint pas jusqu'au niveau des hautes feuilles. Vers le mois de janvier, les nègres commencent à abattre les tiges, et dans l'espace de quelques jours cette immense plaine, dé-

coupée en épaisses masses vertes où les maisons disparaissent à
demi, n'est plus qu'une étendue uniforme de terre noirâtre et recouverte des débris de longues feuilles jaunies. On attend qu'un
beau soleil ait complétement séché ces feuilles, puis on les allume
par tas, et l'incendie se propage à travers les champs; le jour, ce
sont de grandes fumées que le vent enroule en écharpe autour des
forêts; la nuit, c'est comme un embrasement universel, les flammes
semblent jaillir de la terre, et le ciel se colore splendidement de
tous les reflets de l'incendie.

Les planteurs laissent ordinairement peu d'arbres dans leurs
champs de cannes, à l'exception de quelques bouquets isolés où les
nègres peuvent se réfugier pour échapper à la pluie ou à une trop
forte chaleur; mais les grands arbres sont nombreux autour des
maisons d'habitation, et parfois celles-ci sont entièrement cachées
au regard par d'épais rideaux de feuillage. Là croissent l'azédarach
avec ses grandes branches nues terminées par des ombelles de
feuilles et ses grappes de fleurs lilas, le plaqueminier, le pacanier,
avec leur port royal et leur vaste branchage étalé, le magnolia aux
larges fleurs enivrantes et aux fruits semblables à des bouquets de
corail, le chêne-vert au tronc dur et tordu. Dans beaucoup de
plantations, les terres vierges susceptibles d'être cultivées n'ont
pas encore été défrichées, et les champs n'ont pas atteint la limite
des *cyprières* et des marécages. Ces terrains, relativement élevés,
forment une zone charmante où les savanes, les bosquets et les
massifs de cannes sauvages alternent dans un désordre pittoresque.
En été, les savanes sont couvertes de graminées magnifiques où les
troupeaux nagent pour ainsi dire comme dans un lac de verdure;
en hiver, les hautes herbes ont complétement disparu, et les bestiaux vaguent au hasard, cherchant à brouter le gazon trop court,
ou bien se réunissent autour d'un arbre et allongent leur cou pour
saisir quelques feuilles. Rien de triste comme le spectacle de ces
animaux qui regardent vaguement de leur grand œil affamé! Au-
dessus d'eux s'élève l'arbre, haute pyramide de verdure dont ils
ont uniformément rongé la base jusqu'à deux mètres au-dessus du
sol, et dont ils ne peuvent plus atteindre les feuilles; au-dessous
d'eux, le gazon sec est brouté jusqu'au ras de terre; tout autour
sont épars les ossemens des ruminans qui ont déjà succombé. Quand
la souffrance de la soif vient encore s'ajouter à celle de la faim,
des troupeaux entiers se couchent en un seul jour pour ne plus se
relever.

Les bois qui alternent avec les savanes dans les terrains élevés
sont admirables de grâce et de beauté : ils ressemblent à ceux do
l'Europe par leurs clairières et leurs avenues discrètes et tortueuses;

mais la magnificence du feuillage et le groupement pittoresque des arbres les rendent incomparablement plus beaux. Quand on se promène à cheval de clairière en clairière, en suivant les allées ombreuses, le spectacle varie sans cesse, et chaque nouvelle échappée offre au regard un nouveau paysage. Les chênes, les érables, les frênes, les magnolias, les copals, les saules, les peupliers de la Virginie, sont groupés en massifs distincts, comme pour obéir à de secrètes sympathies; les lataniers étalent autour des troncs leurs larges feuilles en éventail, et les grosses lianes des *socos* ou raisins sauvages se balancent entre les arbres comme des câbles suspendus entre deux mâts. Ces lianes ne forment point, comme celles des forêts de l'Amérique du Sud, des réseaux de cordages inextricables; mais elles sont fortes et peu nombreuses, si bien que les petits nègres s'en servent comme d'escarpolettes, et que les chevaux peuvent les franchir d'un bond. Partout on peut se promener sans crainte, si ce n'est dans les allées où les acacias *trioschantos* entre-croisent leurs branches garnies de triples épines, et dans les fourrés où les cannes sauvages forment une muraille à travers laquelle les serpens seuls peuvent se glisser.

Les bois sont particulièrement beaux pendant l'automne, quand les feuilles brillent de leurs splendides couleurs : dans cette saison, les arbres d'Europe prennent une teinte uniformément jaune ou rouge-brun; mais les arbres d'Amérique se revêtent des couleurs les plus hardies et les plus magnifiques, violet, pourpre, orangé, jaune d'or, sans doute parce que la température du nouveau continent est plus extrême que celle de l'ancien, et par conséquent active ou retarde plus énergiquement l'élaboration des sucs colorans. Toute la forêt semble recouverte d'un magnifique manteau de fleurs éclatantes, et si quelque arbre encore vert s'élève au milieu du feuillage pourpre ou doré, des guirlandes de bignonias s'enroulent autour de lui, et du haut de ses branches laissent tomber leurs fleurs en nappes et en cascades.

Enfin, à 3 ou 4 kilomètres du bord du Mississipi, le sol devient tout à fait bas et spongieux, et le *cypre* domine à l'exclusion de tous les autres arbres. Le cypre est droit, élancé, renflé à la base comme une bulbe d'oignon; il s'appuie sur des contre-forts durs et solides qui jaillissent du sommet de la racine comme pour mieux s'ancrer dans le sol vaseux. Au pied de l'arbre, dans les flaques d'eau qui en baignent la base renflée, de petits cônes de bois, semblables à d'énormes poignards dressés contre le ciel, s'élèvent hors de l'eau bourbeuse : ce sont autant de racines aspiratrices qui sortent du tronc souterrain et vont absorber l'air; sans elles, il n'y aurait point de communication entre les maîtresses racines et l'atmosphère, et l'arbre périrait. Le sommet du cypre s'épanouit en petites branches couvertes d'un feuillage vert pâle. A ces branches pendent les longues fibres de la mousse appelée du nom caractéristique de « barbe espagnole » (*tillandsia usneoides*), et souvent les cypres portent un si grand nombre de ces longues chevelures grises, qu'ils prennent l'apparence ridicule de gigantesques porte-perruques. La « barbe espagnole» forme le trait distinctif le plus remarquable des forêts de la Louisiane, et contribue mieux que toute autre planté à leur donner un caractère original. Un jour, elle pourra devenir l'objet d'un grand commerce, et la Louisiane en expédiera sur tous les points de la terre; mais aujourd'hui elle ne sert qu'à la consommation locale : dégagée par la pourriture de son parenchyme charnu, la fibre forme un excellent crin.

Le delta mississipien tout entier n'est qu'une immense *cyprière*; vu de haut, il apparaîtrait comme une mer d'arbres traversée par les lignes sinueuses du fleuve et de ses bras, et tachetée de lacs marécageux remplis de joncs et de nénuphars. La cyprière ne s'étend pas au-delà des limites du delta : à l'ouest s'étendent les vastes savanes des Attakapas; à l'est, de l'autre côté du lac Pontchartrain, croissent les grandes forêts de pins, dont le pollen, emporté par le vent, couvre parfois tous les chemins de la Louisiane comme d'une poussière de soufre.

A chaque région géologique parfaitement délimitée correspondent une faune et une flore distinctes, et pour connaître les séries animale et végétale d'un pays, il doit suffire d'en connaître le relief et les formations. Sous ce rapport, le delta mississipien est un pays modèle, car la nature du sol s'y harmonise complétement avec les plantes qui le recouvrent et les animaux qui l'habitent. Géologiquement, c'est un golfe comblé où la terre et l'eau sont encore en lutte; dans la série végétale, c'est une cyprière; dans ses rapports avec la série animale, c'est un repaire de crocodiles, de tortues, de grenouilles et de serpens. Seuls les reptiles et les oiseaux pêcheurs sont aborigènes, et tous les autres animaux ne sont que des visiteurs, ou des colons venus des régions avoisinantes. On peut dire que la Basse-Louisiane traverse maintenant une ère géologique depuis longtemps passée pour le reste du continent, l'ère des reptiles.

La bête qui caractérise le mieux la série animale de la Louisiane, c'est le crocodile. Pendant les belles journées d'été, quand un soleil implacable frappe sur la surface tranquille des lacs, on voit des centaines de ces animaux étendus sur la surface de l'eau comme d'énormes troncs d'arbre rudement sculptés. D'autres dorment au milieu des joncs, à demi engloutis dans la vase, et dès qu'on s'approche d'eux, se précipitent brusquement vers l'eau, où ils tombent

avec un lourd plongeon. Quand arrivent les premiers froids, le crocodile s'enfouit dans la boue, et sous cette tiède enveloppe dort son
pesant sommeil d'hiver. Cet animal est, on le sait, d'une voracité
sans égale; la cervelle, toute rudimentaire chez lui, ne peut se développer sous les lourdes écailles de sa cuirasse; tout queue pour
nager, tout gueule pour absorber, il n'existe que pour atteindre et
dévorer sa proie. En Louisiane heureusement, il trouve sur lo bord
fangeux des marécages assez de sarigues, de tortues et de rats musqués pour qu'il n'ait pas besoin de s'attaquer à l'homme; cependant il arrive quelquefois des accidens, dont les victimes, fait sin-
gulier! sont le plus souvent des nègres. Le même fait au reste a été
remarqué dans les pays hantés par les jaguars, qui se jettent aussi
de préférence sur les noirs, attirés soit par l'odeur particulière qui
caractérise cette race, soit par la couleur de la peau. C'est dans les
lagunes voisines du Mississipi qu'on rencontre surtout les crocodiles,
qui se hasardent rarement dans le fleuve lui-même. Quand un créole
rencontre un de ces animaux, il s'arme d'une longue bûche, comme
on en trouve partout en Louisiane sur le bord des rivières, va droit
au crocodile, enfonce la bûche dans sa gueule horriblement ouverte, et puis tue la bête à loisir.

Les grenouilles et les crapauds sont ici dans leur empire. Quand
on se promène le soir près d'un bras de fleuve abandonné ou sur
le bord d'un marécage, on risque d'être assourdi par un coassement que rien n'interrompt. Chaque herbe porte sa grenouille,
chaque grenouille pousse sa note pleine ou criarde, glapissante ou
sonore. D'abord l'oreille ne peut rien distinguer dans cette multi-
tude effrayante de cris qui jaillissent de l'étang, mais elle s'aperçoit
peu à peu que la mesure est parfaitement observée, et que les grenouilles font de la musique en amateurs. Des milliers de conversa-
tions harmoniques s'établissent entre les chanteurs amis, et des
cascades de notes, alternativement douces et bruyantes, s'entre-
croisent dans l'air en périodes sonores. Dominant le concert, s'élève
la voix mugissante du *ouararoug* ou grenouille-taureau.

Les serpens ne sont pas moins nombreux que les autres reptiles; ils se glissent partout, sous les grandes herbes, dans les creux
des arbres, au fond des gerçures de la terre argileuse. Dans la
cyprière, sur le bord des flaques, les serpens d'eau, gros comme
des câbles noirs, s'enroulent dans la vase; sous les troncs d'arbres
abattus, dans la savane, les charmans serpens colliers se cachent
lestement en arrondissant les losanges pourpres et verts de leurs
anneaux; dans les jardins, les couleuvres suspendues aux rosiers se
promènent de tige en tige, et sur le fleuve même on voit leurs têtes
aiguës et plates se dresser au-dessus de l'eau, et suivre les esquifs

en laissant des rides allongées onduler derrière elles. Malgré le nombre immense des serpens, les accidens sont rares en Louisiane, car tous ces ophidiens sont inoffensifs, à l'exception du redoutable serpent à sonnettes, du *bâtard sonnettes* et du *congo*. Le serpent à sonnettes (*crotalus horridus*) atteint quelquefois une longueur de quatre mètres, et peut arriver à l'âge de vingt et vingt et un ans, puisqu'on a vu des serpens ayant ce nombre de sonnettes, vertèbres nues situées à l'extrémité de la queue. A cet âge, l'animal est lent dans ses mouvemens, et bien que sa tête soit grosse comme celle d'un chat, son venin est en réalité moins terrible que celui des petits serpens.

Parmi tous ces reptiles, depuis l'alligator jusqu'au serpent à sonnettes, il en est certainement de hideux et d'effrayans; mais le fléau, la calamité, la malédiction de la Louisiane, ce qui change parfois la vie en un martyre de tous les instans, c'est un petit insecte, le maringouin. Rien ne le tue, ni les pluies, ni les sécheresses, ni la chaleur de l'été, ni le froid de l'hiver : le jour, on le voit partout volant par essaims; la nuit, on entend sans relâche le bourdonnement importun de ses ailes; il s'insinue à travers les fentes les plus étroites, il pénètre sous les voiles les plus épais, et se précipite sur sa victime en exécutant avec ses ailes une petite fanfare victorieuse. Sur les bords des eaux courantes, vivent comparativement peu de maringouins; mais dans les plantations entourées de marécages le nombre en est tellement immense, qu'il est presque impossible de rester en place; même pour lire, il faut avoir recours à une marche rapide, et pendant les repas un grand chasse-mouche balancé au-dessus de la table empêche les maringouins de s'attabler en même temps que les convives. Sur les rives du lac Pontchartrain, un étranger ne pourrait sans devenir fou passer plusieurs soirées en plein air : autour de lui, des nuages de maringouins germent incessamment dans les flaques d'eau croupissantes et grouillantes de vers; à chaque pas, il voit une nouvelle masse noire s'élever avec un bourdonnement sinistre; bientôt il est couvert d'insectes acharnés qui le transpercent de leurs mille dards et boivent son sang par mille blessures; qu'il les chasse ou qu'il les écrase, d'autres plus avides viennent à la curée, et bientôt il ne lui reste plus qu'à courir en aveugle sur le bord du lac, furieux, désespéré, comme le cheval des savanes poursuivi par le taon. Dans ces tristes régions, les planteurs, pour éviter d'être harcelés sans cesse, tâchent autant que possible de passer leur vie sous une enveloppe de gaze; quant aux nègres, ils se badigeonnent d'argile avant d'aller sarcler dans les champs de cannes; pour tous, la vie est un martyre. Aussi n'est-il pas étonnant qu'il y ait souvent une différence de

100,000 et 150,000 francs entre les prix d'achat de deux plantations, dont l'une est infestée de maringouins, et l'autre comparativement libre. Ce fléau ne laisse pas d'avoir son importance écono-
mique.

Les quadrupèdes de la Basse-Louisiane peuvent être considérés
comme des immigrans venus des terres élevées, en suivant de loin
le progrès des alluvions sur la vague marine. Les jaguars, les ours
même, y sont très rares, si bien que lorsqu'un de ces animaux est
tué à la chasse, la nouvelle en est publiée par les journaux d'un
bout de l'Amérique à l'autre. Les chats-tigres, bêtes plus souples,
qui se glissent facilement à travers les fourrés, et les chevreuils, qui
peuvent bondir en un jour à travers quarante lieues de forêts, se
sont maintenant acclimatés sur les renflemens un peu élevés de la
cyprière; mais les seuls quadrupèdes véritablement indigènes dans
la Basse-Louisiane sont les sarigues et les écureuils, animaux grim-
peurs par excellence.

Au-dessus de toute cette vie animale, bestiaux des savanes,
écureuils des forêts, plane le *carancrau* (*carancao, carrion-crow*),
oiseau qui tient à la fois du corbeau et du vautour. Il règne pour
nettoyer la plaine, dévorer les morts, faire disparaître tous les
débris d'animaux que l'âcreté-humide du sol n'a pas déjà con-
sumés. Tournoyant dans le ciel en vastes spirales, il saisit la
terre de son regard et sonde les plus petites cavités, les clairières
les plus étroites de la forêt, pour y découvrir la charogne abandonnée. Qu'un bœuf tombe dans la savane, aussitôt les carancraus accourent de tous les points de l'air, et commencent à se gorger de
chair et de pus. Ivres de matières sanglantes, horribles de puanteur, ces oiseaux de mort ne peuvent s'arracher des cadavres qu'en
chancelant, et vont traîner leur vol sur la cime d'un arbre ébran-
ché d'où ils peuvent couver de l'œil les restes de leur festin.

Quel est cependant le rôle de l'homme dans cette grande région
du Mississipi maritime? Dans un pays aussi monotone de nature et
d'aspect, les occupations des habitans ne peuvent offrir une bien
grande variété. Quand le planteur a visité son champ de cannes,
activé le travail de ses nègres, surveillé l'embarquement de ses
boucauts de sucre, que lui reste-t-il à faire, sinon à revenir sous
le plaqueminier ou le pacanier de sa cour, à essuyer la sueur qui
coule à larges gouttes de son front, et à se balancer dans un hamac
ou sur une chaise berceuse, pour empêcher les essaims de mous-
tiques de s'abattre sur lui? Peu sensibles d'ordinaire à la beauté
solennelle de leur pays, ne pouvant guère s'occuper d'art ou de
sciences à cause de leur isolement, les planteurs n'ont d'autre res-
source que la chasse, les visites de famille à famille, les repas somp-

tueux. Chaque petit créole a son cheval et son fusil; il parcourt les champs de cannes et les bois, à la recherche du gibier; il effraie de ses cris les bestiaux des savanes, grimpe sur les arbres pour détacher des lianes les grappes pendantes des *socos*, chasse à coups de bâton les carancraus attardés sur les cadavres. Par suite de cette éducation dans la libre nature, les jeunes créoles se développent avec une admirable fougue de jeunesse et de beauté : ils sont presque tous forts, agiles et intrépides; leurs muscles semblent avoir été trempés comme l'acier.

Les créoles qu'on appelle dans le pays les *petits habitans*, c'est-à-dire ceux qui n'ont qu'un enclos pour toute propriété, ont la réputation d'être très paresseux. N'ayant pas de terres à faire valoir, pas d'esclaves à surveiller, ils ne peuvent que rester à l'ombre de leur vérandah, occupés à voir défiler les charrettes et les cavaliers sur la grande route. Quant à leurs femmes, elles sont, comme toutes les dames créoles, d'une grande activité, mais d'une activité si tranquille et si peu bruyante, que les étrangers la confondent souvent avec la nonchalance. Les petits habitans pratiquent admirablement la grande vertu de l'hospitalité. Chez le riche propriétaire, cette vertu n'est qu'un devoir de position et de fortune; mais chez le pauvre cultivateur elle est complète et sans réserve. Il retient l'étranger, va à la chasse pour lui rapporter du gibier, l'accompagne dans son voyage, et lui prête un cheval pour continuer sa route. Je revenais une fois d'un vaste lac, appelé le lac des Allemands, sur lequel je m'étais égaré, et où ma petite embarcation avait subi une sorte de tempête. Ce fut à dix heures du soir seulement que je pus diriger mon bateau, à travers les nelumbiums et les nénuphars, du côté de l'étroit canal qui mène au village des Allemands. A l'entrée du canal, j'échangeai ma barque contre un petit esquif de chasse attaché à un pieu, je m'armai d'une planchette, et, rameur très malhabile, je *pacayai* pendant plus de trois heures dans le canal, long de moins d'un kilomètre, mais tellement obstrué d'herbes et rempli de vase, que l'eau elle-même semblait avoir changé de nature. Il s'en dégageait une puanteur insupportable. De temps en temps ma planchette frappait un corps dur que mon imagination prenait, à tort ou à raison, pour un crocodile. A chaque mauvais coup de pacaye, mon esquif embarquait des herbes et de la vase, et je devais le nettoyer promptement sous peine de couler à fond. Sauter sur le rivage et continuer ma route à pied était impossible à cause des joncs et des fondrières. Enfin j'arrive au village, exténué de fatigue, trébuchant à chaque pas; je frappe à la première cabane pour demander une monture, l'*habitant* se lève, et sans chercher à savoir mon nom court dans la savane et me ramène son cheval. « Veuillez, dit-il en me voyant partir, veuillez m'excuser de vous offrir une bête fatiguée, mais je l'avais déjà prêtée aujourd'hui, et il y a deux heures à peine qu'on vient de me la ramener. » Le bon cheval n'en fit pas moins résolûment ses quinze kilomètres jusqu'à la plantation où je devais me rendre.

Chez les descendans des Missouriens français établis en Louisiane, cette hospitalité est en quelque sorte plus touchante encore que chez les petits habitans créoles. Dans une de mes courses à l'aventure, je m'étais égaré au milieu des bois de pins qui environnent le lac Maurepas; depuis quelques heures, j'avais épuisé mes petites provisions, et déjà la faim se faisait sentir. Enfin j'eus le bonheur de découvrir un sentier, et après quelques minutes de marche j'entrai dans une cabane de Missouriens. Le mari était absent, sa femme et sa fille se trouvaient seules à la maison. Celle-ci recule effarouchée comme une génisse sauvage et me regarde à travers ses grands cheveux épars, tandis que la femme, puissante matrone, belle comme une de ses aïeules normandes, s'avance vers moi et me prie de m'asseoir. « D'où viens-tu? » me demande-t-elle en me tutoyant, car le « vous » est inconnu dans ces régions solitaires de la Louisiane. A peine eus-je parlé de ma faim, que je fus installé de vive force; la mère m'apporta du lait, des patates, des gâteaux récemment cuits sous la cendre. En même temps la jeune fille remplissait mon havresac de provisions pour le voyage. On attendit que mon appétit fût satisfait, puis on me demanda des nouvelles de la France, qui, dans les traditions de ces gens simples, leur apparaissait comme un autre paradis non moins regrettable que celui de l'Éden. Quand je voulus partir, la matrone elle-même boucla mon havresac et m'accompagna jusqu'au chemin de la rivière Tangipaho, à plusieurs kilomètres de distance.

Les créoles d'origine française tendent à disparaître de jour en jour, et dans une vingtaine d'années ils seront complétement absorbés par la race anglo-saxonne. Déjà, dans la Louisiane entière, ils ne forment plus que le quinzième de la population, et grand nombre d'entre eux n'ont plus de français que le nom : langue, habitudes, mœurs, relations, tout est devenu américain. Cette absorption graduelle tient à plusieurs causes, indépendamment de l'immigration constante d'Américains du Nord. L'une de ces causes est la prodigalité des créoles. Pour subvenir à leurs dépenses, ils obèrent leurs propriétés, empruntent à 10 et 15 pour 100 à des banquiers de New-York, et peu à peu se trouvent ruinés. Une mauvaise récolte, une épidémie sur leurs esclaves, un incendie, un ouragan, les font définitivement tomber dans la classe des petits habitans, ou bien les forcent à s'expatrier pour demander à l'industrie et au commerce une existence que leur refuse l'exploitation de la terre. Ainsi les grandes propriétés se constituent aux dépens des créoles français : on cite telle paroisse dont tous les habitans étaient, il y a quinze ans, d'origine française, et dont la population actuelle se compose uniquement de *Yankees*. Bien plus, comme frappés de démence, les créoles veulent s'annihiler de gaieté de cœur. Dans le mouvement *know-nothing* qui agita si violemment les États-Unis à la fin de la présidence de M. Pierce, presque tous les créoles se prononcèrent en faveur du *nativisme*, oubliant qu'eux aussi, par leur langue et leurs noms, étaient coupables de péché originel, qu'ils seraient toujours des étrangers aux yeux des Anglo-Saxons, et que toutes leurs victoires comme parti ne pourraient aboutir qu'à leur suppression comme race.

Les nègres créoles s'en vont comme les blancs créoles, et ne se trouvent maintenant en grand nombre que dans les plantations reculées. La plupart des nègres sont importés du Maryland, du Kentucky et surtout de la Virginie, ce grand haras des états à esclaves. Ces nègres, amenés du nord et connus sous le nom de nègres américains, sont moins naïfs, moins dévoués à leurs maîtres et beaucoup plus intelligens que les nègres créoles. Nous ne voulons pas toucher ici à la question si brûlante de l'esclavage; nous constaterons seulement un fait certain, le progrès constant des nègres dans l'échelle sociale : même sous le rapport physique, ils tendent sans cesse à se rapprocher de leurs maîtres. Les nègres des États-Unis n'ont plus le même type que les nègres de l'Afrique; leur peau est rarement d'un noir velouté, bien que presque tous leurs ancêtres aient été achetés sur les côtes de Guinée; ils n'ont pas les pommettes aussi saillantes, les lèvres aussi épaisses, le nez aussi épaté, la laine aussi crépue, la physionomie aussi bestiale, l'angle facial aussi aigu que leurs frères de l'ancien monde. Dans l'espace de cent cinquante ans, ils ont, sous le rapport de l'apparence extérieure, franchi un bon quart de la distance qui les séparait des blancs. À l'étranger qui débarque pour la première fois en Louisiane, il semblerait même que le teint des blancs, aussi bien que celui des noirs, se rapproche de plus en plus de celui des peaux-rouges. Si d'autres influences ne contre-balançaient celle du climat, il se pourrait bien qu'après un certain laps de siècles les Américains eussent tous sans exception la couleur des aborigènes, leurs ancêtres fussent-ils venus de l'Irlande, de la France ou du Congo.

Le développement intellectuel et moral des nègres est bien plus remarquable encore que leur progrès physique : nombre d'entre eux sont déjà nés à la dignité d'hommes libres. On s'en aperçoit à leurs regards remplis d'une haine calme et réfléchie, qui tôt ou tard se déchaînera. Ils écoutent leurs maîtres sans mot dire, ils s'inclinent fièrement, travaillent avec conscience; mais, dès qu'ils trouvent une occasion favorable, ils s'enfuient résolûment dans les grands bois. Pour s'appartenir peut-être pendant quelques jours seulement, ils bravent la faim, la soif, la fatigue, la solitude, la mort, la prison, les coups de fouet pires que la mort. Sentant par instinct que l'intelligence les délivrera aussi bien et mieux que la force, ils recherchent l'instruction avec ardeur, et ceux d'entre eux qui, en violation de la loi, ont eu le bonheur d'apprendre à lire donnent des leçons aux autres en se servant des feuilles éparses qu'ils trouvent sur le sol. On cite même des nègres qui ont appris la lecture tout seuls en étudiant les noms des bateaux à vapeur qu'ils voyaient passer et repasser sur le Mississipi. Les planteurs n'ignorent point ces choses : aussi envisagent-ils l'avenir avec effroi. En effet, il n'est pas sur la terre de question plus grave que celle dont la solution, de plus en plus menaçante, se prépare aux États-Unis. La fraternité des hommes étant le but de toute société, on se demande avec terreur quelles convulsions devront subir les états à esclaves avant de marcher dans la voie du progrès. L'abîme de haine se creuse de plus en plus. Combien de Curtius devront s'y jeter avant qu'il se referme et que la réconciliation soit opérée!

Quant aux peaux-rouges, il est inutile de parler de réconciliation, car bientôt il n'y aura plus entre eux et les Anglo-Saxons d'autre paix que celle du tombeau. Dans un bois voisin de la plantation où je demeurais se trouvait un ancien campement d'Indiens Houmas, séparé des champs de cannes par une simple barrière. Les tiges brisées des plantes semblaient avoir porté hier encore le poids des tentes; tout autour, les cannes sauvages, pressées comme les roseaux des marécages, formaient un impénétrable fourré au-dessus duquel les peupliers, les hêtres et les érables balançaient leur feuillage et leurs longues chevelures de *barbe espagnole*. Un vaste silence planait sur ce camp, devenu solitaire. Où étaient donc les Indiens qui l'avaient habité? Étaient-ils morts de faim dans les bois? Avaient-ils été chercher dans les déserts de l'ouest la subsistance que leur refusait la plaine fertile du Mississipi? Ou bien menaient-ils dans les forêts qui entourent la Nouvelle-Orléans la vie que mènent les *zingari* d'Europe? Nul ne le savait : tout avait disparu d'eux jusqu'à leurs traces.

Un jour, dans la vaste forêt de pins qui s'étend à l'est du Lac-Borgne, on me montra le roi Denis, chef d'une douzaine de mendians à peau rouge. Sale, hideux, couvert de loques ayant une lointaine ressemblance avec les vêtemens de peau des Sioux, il était étendu au pied d'un arbre dans un état de complète ivresse. Il mur-

murait de temps en temps des mots sans suite, puis il s'interrom-
pait pour tendre la main et demander à boire. Ce roi Denis avait
peut-être pour aïeul l'indomptable « guerrier noir » Tuscaloosa, et
les hommes déguenillés qui le suivaient descendaient de ces terribles Alibamons qui détruisirent l'armée de Hernando de Soto à la
sanglante bataille de Mobile, et dont la renommée, perdue chez
leurs fils, ne vit plus que dans l'histoire. Bientôt ces fils dégénérés
disparaîtront à leur tour, et des Indiens il ne restera plus dans la
forêt que les hauts *tumuli* en terre rouge sur lesquels de grands
arbres croissent depuis des siècles.

III.

Le delta mississipien commence sur la rive droite à une centaine
de kilomètres plus en amont que sur la rive gauche. De ce côté, la
chaîne de falaises escarpées ou *bluffs* qui longe le fleuve depuis
l'embouchure de l'Ohio se continue sans interruption jusqu'au *bayou*
Iberville, et force le Mississipi à descendre du nord au sud. En trois
endroits, le courant vient frapper la base des *bluffs*, comme pour
chercher une issue vers la gauche, et ce n'est qu'au-dessous de
Bâton-Rouge, là où se termine la chaîne, qu'il coule vers le sud-est
dans sa direction normale.

L'avant-dernière falaise, celle de Port-Hudson, est devenue jus-
tement célèbre par suite des savantes recherches de M. Lyell et
d'autres géologues. Elle appartient à la formation éocène et contient
les restes gigantesques d'animaux fossiles. Au-dessus s'étend une
couche d'alluvions antiques semblable à celles qu'on appelle *læss*
sur les bords du Rhin et consistant en sables et cailloux roulés, con-
tenant des coquilles d'eau de mer et d'eau douce mêlées avec les
débris d'animaux anté-historiques. Immédiatement au-dessous des
rochers s'étendent les stratifications du terrain crétacé dont on peut
voir les premières assises pendant la saison des eaux basses. Le Mississipi ronge ces assises, désagrége le terrain crayeux, et roule dans
son eau les morceaux de silex qu'il dépose plus loin sur le banc de
sable situé en aval de la falaise. Ces cailloux roulés réjouissent l'œil,
car plus bas, dans ce pays de Louisiane où le sol se compose entièrement d'argile et de sable fin, les galets sont inconnus.

La dernière falaise, celle de Bâton-Rouge, mérite à peine ce nom.
Basse et arrondie au sommet, elle ne présente aucun de ces escarpemens de sable et de gravier où les pluies labourent d'énormes
sillons, et qui de loin ressemblent à de vastes fortifications en
ruine. C'est là que s'élève la soi-disant capitale de la Louisiane,
pauvre et insignifiant village auquel le séjour des représentans de

l'état donne seul un peu de vie temporaire. Les petites collines de
Bâton-Rouge forment une barrière bien peu élevée, impuissante en
apparence pour résister à un fleuve comme le Mississipi, et cependant ce léger renflement du sol a suffi pour empêcher tout un golfe
de la mer d'être comblé par les alluvions. Sur la rive droite ou occidentale, les plaines marécageuses de la Louisiane se projettent
dans le golfe du Mexique à 200 kilomètres vers le sud; sur la rive
gauche ou orientale, le contraire a lieu, et la mer avance dans l'intérieur du continent par un golfe d'abord, et puis par des lacs d'eau
saumâtre qui sont évidemment des restes de l'antique Océan. Durant
les âges géologiques, tandis que le Mississipi promenait ses eaux
dans la plaine, et par chacune de ses oscillations à droite ou à gauche prolongeait le continent aux dépens du golfe, la partie de la
mer abritée derrière les petites collines de la rive gauche ne dimi-
nuait que très lentement en superficie, et ne recevait d'alluvions
que par les petites rivières qui s'y jettent et les crevasses latérales
produites par le fleuve pendant la saison des crues. Dans l'état to-
pographique actuel de la Louisiane, il faudrait un nombre incalcu-
lable de siècles pour que le Mississipi pût combler d'alluvions les
lacs Borgne, Pontchartrain et Maurepas, et si jamais ils sont remplis, ce sera probablement grâce à l'intervention de l'homme. Maintenant il est encore impossible de songer à ce travail gigantesque,
mais quand la Louisiane sera riche et peuplée, on saura faire travailler le Mississipi comme un puissant esclave; on lui commandera
de jeter des campagnes fertiles là où s'étendent maintenant les
eaux stagnantes, d'approfondir des canaux là où les bancs de sable
interceptent la navigation, d'assainir un pays dans l'atmosphère
duquel nagent tant de miasmes. Peu d'années suffiraient pour transformer ce pays, car, en admettant que le lac Pontchartrain ait une
superficie de 2,382 kilomètres carrés et 4 mètres de profondeur
moyenne, les 6 mètres cubes de boue que le Mississipi charrie par
seconde pourraient le combler entièrement dans l'espace de cinquante ans. Qu'on ouvre seulement un grand canal de dérivation, et
en moins d'un siècle une vaste nappe d'eau, assez vaste pour qu'en
se plaçant au centre on voie difficilement à l'horizon les hautes forêts du rivage, sera complétement supprimée et remplacée par des
champs de coton et des villages florissans. Un bon système de canaux creusés et entretenus dans le bassin occupé par le lac serait
bien plus utile et moins dangereux pour la navigation que le lac
lui-même, avec ses courans perfides et ses bas-fonds changeans.
Nulle part l'homme ne pourra obtenir de plus beaux résultats avec
des moyens plus simples, et plus facilement adapter la terre à son
état social.

A une trentaine de kilomètres en amont de la Nouvelle-Orléans, le fleuve forme un large coude connu sous le nom de Bonnet-Carré; c'est là qu'en 1850 s'ouvrit vers le lac Pontchartrain la plus terrible crevasse dont se souviennent les planteurs de la Louisiane. Dès que le courant eut fait sa trouée à travers la digue, celle-ci s'écroula sur une longueur de plus d'un kilomètre, et un nouveau Mississipi se précipita au milieu des campagnes cultivées. La profondeur du lit de la crevasse était de 3 mètres au plus, mais le courant était d'une force extrême, et le débit d'eau dépassa 3,000 mètres cubes par seconde. De pauvres chalands furent entraînés dans ce *vortex*, et emportés dans la cyprière, où ils furent mis en pièces contre les troncs d'arbres; un bateau à vapeur pésamment chargé fut également absorbé par le courant, et on ne put le retirer qu'à l'aide de puissans remorqueurs. La nouvelle bouche du fleuve coula pendant plus d'un mois, et pour la fermer il fallut attendre la fin de la crue. Déjà l'eau du lac Pontchartrain était devenue douce, et de vastes presqu'îles d'alluvions projetées au milieu de la plaine liquide changeaient la topographie de la Basse-Louisiane. Au milieu des campagnes, des levées de sable fin indiquent encore les bords entre lesquels coula le fleuve du Bonnet-Carré.

Maintenant que la digue est réparée, on peut à peine comprendre comment un mince rempart de 7 à 10 mètres de base peut contenir pendant les crues l'énorme masse du Mississipi. Quand un bateau à vapeur aborde, on dirait qu'il doit suffire d'un simple effort de la machine pour que le navire fende la levée et s'abîme parmi les champs de cannes, à 4 mètres au-dessous du niveau du fleuve. Dans cette partie du cours, les crevasses et les éboulis sont plus dangereux qu'ailleurs, parce que les terrains emportés ou noyés sont des campagnes cultivées, et que le voisinage de la capitale leur donne une valeur plus considérable. Presque chaque année, le Mississipi rompt ses digues sur quelque point et détruit les plantations de ses bords. En 1856, un ouragan retint les eaux du fleuve aux environs de Bayou-Sarah, emporta les levées, et ravagea plus de cinquante habitations; en même temps il engloutissait les îles Dernière et Gros-Caillou, situées à l'embouchure du Mississipi, et les balayait avec leurs maisons, leurs cultures et leurs habitans. Quand l'inondation menace de rompre les levées, les planteurs sont en émoi sur les deux rives; mais dès que la crevasse s'est déclarée, ils respirent enfin : l'un d'entre eux a été ruiné pour le salut de tous (1).

(1) Souvent la Nouvelle-Orléans a couru de grands dangers; mais on a entrepris de la mettre à l'abri par une digue élevée à travers l'isthme qui sépare le fleuve du lac de Pontchartrain, et retenant les eaux d'inondation en cas de crevasse. Aujourd'hui ce travail est probablement achevé.

Bientôt après avoir dépassé le Bonnet-Carré, tout annonce qu'on approche d'une grande cité : les habitations deviennent plus belles, les maisons se groupent en villages, les bateaux à vapeur se rencontrent en véritables essaims, et par-dessus les grands arbres de la rive on commence à voir poindre les hautes tours de la Nouvelle-Orléans. Au-dessous de la charmante ville de Carrolton, le Mississipi fait un détour soudain, et tout d'un coup se déroulent à la vue cette triple ou quadruple rangée de navires, ces larges quais, ce vaste demi-cercle d'édifices auxquels la Nouvelle-Orléans doit son nom poétique de *Crescent City* (cité du croissant). Des navires et des embarcations de toute espèce animent le fleuve : les énormes vapeurs se croisent en grondant, les petits remorqueurs attelés aux lourds trois-mâts les font pirouetter gracieusement sur l'eau, les ponts-volans circulent d'un bord à l'autre. Au milieu de ces monstres puissans, les esquifs nagent comme de petits insectes, et, comme pour prouver que tout ce mouvement date d'hier, de grandes bandes de canards s'abattent sur la surface des eaux, naguère encore silencieuses et désertes. Sur la rive gauche, les bateaux à vapeur rangés en ordre comme une façade de hautes maisons à triple étage, les grandes jetées en bois encombrées de balles de coton, de boucauts de sucre, de barils de farine, le quai tout couvert de voitures et de charrettes bondissant sur le pavé, enfin ce croissant de maisons qui s'étend sur une longueur de 10 kilomètres et disparaît derrière une pointe de sable et de forêts, tout cet ensemble offre une magnificence qu'aucun autre port du monde ne saurait égaler. Londres même et Liverpool, ces deux ventricules commerciaux du monde, ne peuvent être comparés à la Nouvelle-Orléans sous ce rapport, puisque les navires y sont en grande partie enfermés dans les docks, véritables cours intérieures qui ne présentent aucune vue d'ensemble.

Bien que la Nouvelle-Orléans soit située à 180 kilomètres en amont de l'embouchure, la hauteur moyenne de la ville est de 3 mètres seulement, et dans les faubourgs les plus éloignés du fleuve, le sol bas et spongieux est presque déprimé jusqu'à la ligne du niveau de la mer. Avant 1727, quand la ville n'était pas encore protégée par une digue, elle était périodiquement inondée et présentait l'aspect d'un cloaque; alors l'isthme qui sépare les eaux du fleuve de celles du lac était presque supprimé pendant les crues et se réduisait à une petite langue de terre qu'on appelait *Terre haute des lépreux*. Depuis les premiers travaux entrepris il y a cent trente ans par le gouverneur Périer, la Nouvelle-Orléans a cessé d'être une ville amphibie ; aujourd'hui elle est parfaitement protégée du côté du fleuve par une magnifique levée ayant jusqu'à 100 mètres de large. Cependant le sol est si bas que les moindres inégalités du terrain retiennent l'eau de pluie, et les grandes averses font de la Nouvelle-Orléans comme une autre Venise : aussi faut-il avoir recours à la force de la vapeur pour assécher la ville, et de puissantes machines absorbent continuellement l'eau stagnante pour la revomir dans un affluent du lac appelé le *bayou* Saint-John. Même par un temps sec, le sol est rendu humide par l'absorption capillaire, et pendant l'été prolongé de 1855 on remarqua comme un fait surprenant que des fossés d'un mètre de profondeur restaient dépourvus d'eau. Pour ne pas déposer les cadavres dans la boue, les Louisianais sont obligés de se conformer à la coutume espagnole et d'élever dans leurs cimetières de longues rangées de cryptes à plusieurs étages, où les morts sont rangés en ordre comme des livres dans une bibliothèque; même dans ces cryptes, l'air est tellement humide qu'il lui suffit parfois de vingt années pour ronger complétement les cadavres ou n'en laisser que des restes méconnaissables. Il est évident que sur un pareil sol les constructions doivent être très légères afin de ne pas s'enfoncer et disparaître; aussi les maisons étaient autrefois construites en bois, et maintenant on donne très peu d'épaisseur aux murailles de briques. La nouvelle douane, grand édifice auquel on travaille depuis une douzaine d'années, a été fondée sur un magnifique système de pilotis de 25 mètres de longueur, et cependant un simple revêtement de granit a fait baisser l'une des façades de près d'un pied; il a fallu changer les plans et donner à l'édifice une toiture en fer. Dans un avenir assez rapproché, il est certain que le fer aura remplacé le bois et la brique.

A part l'humidité du sol et l'atmosphère miasmatique, la Nouvelle-Orléans offre la plus belle position commerciale qu'il soit possible d'imaginer, et Bienville a montré une intelligence vraiment divinatrice quand il fonda la première baraque sur l'emplacement de la ville actuelle. Placée à une certaine distance de l'embouchure et cependant assez rapprochée du point où le fleuve se divise en plusieurs branches, elle domine à la fois le commerce de l'intérieur et celui de l'extérieur, et tous les produits, toutes les marchandises viennent forcément s'y échanger. En même temps elle est située sur la partie la plus étroite de l'isthme, entre le fleuve d'un côté, les lacs Pontchartrain et Borgne de l'autre, de sorte que son commerce peut rayonner vers la mer par trois voies. Quand la route des lacs sera utilisée comme elle devrait l'être, la Nouvelle-Orléans jouira de l'immense avantage d'être à la fois port de rivière et port de mer.

Le commerce de la capitale des états du sud est immense, et le transport des cotons, des farines, des viandes, y occupe un grand

nombre de navires à voile et à vapeur. En 1850, la Nouvelle-Orléans
a reçu de l'intérieur une masse considérable de produits, parmi lesquels figuraient 1,795,023 balles de coton ; sur le mouvement total,
qui s'est élevé à 1,325 millions de francs, les importations de l'intérieur ont atteint la valeur de 764,557,230 francs. Presque tout le
commerce de la Louisiane avec les états du nord et du centre se fait
par l'entremise de la vapeur. Après la récolte des cotons, lorsque
la première crue a dégagé les bateaux qui opéraient leur chargement
sur les divers affluens du Mississipi, on voit parfois jusqu'à cinquante de ces *léviathans* descendre le fleuve en un seul jour, portant sur leur pont et sur leurs galeries trois, quatre ou cinq mille
balles de coton. La vapeur seule domine le grand fleuve ; on voit
rarement des goëlettes de cabotage, et les *arches de Noé*, informes
chalands construits en poutres grossièrement équarries, ne servent
plus qu'au transport des charbons de Pittsburg.

La fièvre jaune, qui sévit périodiquement en Louisiane, et pour
ainsi dire veille à la porte du grand bassin mississipien, est un
grand obstacle à la prospérité de la Nouvelle-Orléans, et entraîne
de singulières fluctuations dans le nombre des habitans, d'une saison à l'autre. Quelques mois après avoir eu deux cent mille âmes,
souvent la cité n'en contient plus que cent mille, tant la terrible
maladie répand d'épouvante. Rien de plus morne que la grande
ville, lorsque les miasmes de mort pèsent sur elle. Pendant les fortes
épidémies, le seul bruit qui trouble le silence de la rue est celui des
voitures funèbres roulant avec rapidité vers le cimetière. Aussi
presque tous les étrangers, capitalistes, industriels, travailleurs, ne
s'établissent-ils en Louisiane que provisoirement, et poursuivent-ils
la fortune avec fureur, dans l'espérance de pouvoir s'échapper un
jour vers un climat plus sain. La Nouvelle-Orléans n'est pas une
patrie, c'est un campement provisoire où les nouveaux arrivés remplacent incessamment les émigrans ou les morts. Dans ses édifices
même, la cité a quelque chose de transitoire, et si tout d'un coup
un point commercial mieux placé que la Nouvelle-Orléans pouvait
se rencontrer, cette ville ne serait bientôt plus qu'un monceau de
ruines.

Le *yellow fever* n'est pas le seul obstacle au développement industriel et commercial de la Nouvelle-Orléans : d'autres circon-
stances, dont la plus fâcheuse est une immoralité sans nom, agis-
sent d'une manière défavorable sur l'avenir de cette grande cité.
On ne saurait s'imaginer à quel point les actes de violence sont
fréquens dans la métropole du sud. Pendant des mois entiers,
chaque jour apporte son contingent d'assassinats, sans compter
les duels et les « assauts et batteries ; » souvent les auteurs des
crimes restent impunis et se promènent au grand jour, d'autant

plus respectés qu'ils sont plus insolens. La plupart des meurtres sont systématiquement ignorés par la police, et cependant le nombre des emprisonnemens s'élève en moyenne de 25,000 à 30,000 par an, c'est-à-dire au sixième de la population. En défalquant de cet effroyable total les nègres condamnés pour être entrés au café ou pour s'être montrés dans la rue sans billet de *passe*, le nombre des condamnés est de 20,000 à 25,000, c'est-à-dire de 1 sur 8 habitans. Dans aucune ville du monde, si ce n'est peut-être à Mexico et dans la capitale de la Californie, ne déborde un pareil torrent d'iniquités. Et pour exciter tous les vices, pour enflammer toutes les cupidités, toutes les violences, plus de 2,500 *bars* (buvettes) offrent aux passans l'eau-de-vie et le rhum. Comment bâtir sur le mal une prospérité durable?

Il faut chercher une autre cause de décadence pour la vaste cité dans le peu de zèle des Orléanais pour le progrès. Le beau Mississipi, large d'un kilomètre et profond de 30, 40 et 50 mètres, a semblé aux commerçans offrir des avantages si grands qu'ils n'ont point songé à ouvrir des chemins, à creuser des canaux, à rendre plus utiles les voies naturelles qui existaient déjà. Comme toujours, les priviléges offerts gratuitement par la nature sont devenus des causes d'inaction, et c'est à son noble fleuve que la Nouvelle-Orléans doit d'être en arrière de toutes les autres villes des États-Unis sous le rapport des canaux, des chemins de fer et autres voies de communication. Les seuls chemins vicinaux qui partent de la capitale de la Louisiane sont les chemins de halage, et les voies ferrées qu'on a construites dans ces derniers temps sont bien inférieures en trafic et en étendue aux autres chemins de fer des États-Unis. Deux canaux ont été creusés pour unir la ville au lac Pontchartrain, mais ils ne peuvent recevoir que des goëlettes, et même jusqu'en 1855 l'un d'eux était resté complétement inutile au commerce. Un autre canal, appelé *canal de la Compagnie*, parce qu'il appartient à une société d'actionnaires, est censé faire communiquer le *bayou* Lafourche et le Mississipi; il n'est en réalité qu'un long réservoir de plantes aquatiques.

Jusqu'à ce jour, la Nouvelle-Orléans a simplement reçu le commerce immense que lui déversait le Mississipi; mais elle n'a fait que peu de chose pour fixer ce commerce et se rendre indispensable à tout jamais aux expéditeurs du nord. Plus habiles, les populations du haut et du moyen Mississipi se sont mis à construire des chemins de fer et des canaux pour se mettre en communication directe avec les états de l'Atlantique, en évitant les méandres du Mississipi et l'énorme détour des Florides. Le commerce est toujours à la recherche de la ligne droite : c'est en vertu de ce fait que Saint-Paul, Chicago, Saint-Louis, toute la vallée de l'Ohio, une partie de

celle du Missouri, ont fait prendre à leurs produits le chemin de
Montréal, Boston, New-York; même le Tennessee et l'Arkansas cherchent à s'affranchir de la suprématie de la Nouvelle-Orléans en s'ouvrant la grande voie ferrée de Memphis à Charlestown. Il est temps
que la métropole du sud se réveille de sa torpeur, car en fait de
commerce les momens perdus ne se retrouvent plus. Sous peine de
décadence, il faut que les Orléanais assainissent leur ville par un
drainage bien entendu et des plantations d'arbres; il faut qu'ils fassent rayonner autour de leurs entrepôts un magnifique réseau de
chemins de fer pour attirer chez eux voyageurs et marchandises;
il faut qu'ils améliorent leurs rivières, leurs canaux, et tout leur
vaste système de navigation intérieure; il faut enfin qu'ils fassent
disparaître la barre et que des navires calant 10 mètres puissent en-
trer voiles déployées dans le lit du fleuve.

La Nouvelle-Orléans doit songer aussi à se créer des débouchés
directs autres que New-York et l'Europe, car le grand circuit que
ses navires sont obligés de faire autour des Florides lui crée une
position très désavantageuse. Les échanges avec Cuba, le Mexique,
l'Amérique centrale et la Colombie semblent être tout spécialement
destinés à la Nouvelle-Orléans; son port semble le point obligé où
doivent nécessairement converger tous les navires de la mer des
Caraïbes. Cependant la Nouvelle-Orléans fait peu d'affaires avec le
Mexique et l'île de Cuba, et n'en fait point avec la Colombie et
l'Amérique centrale; elle n'ose faire concurrence à New-York,
dont la position est pourtant infiniment moins favorable. L'énergie
lui manque pour devenir le trait d'union commercial entre les deux
Amériques; qu'elle ose, et comparativement New-York ne sera
qu'une ville secondaire. Dans un pays comme les États-Unis, où
le commerce est si mobile et si facilement influencé par les cir-
constances extérieures, peu de chose suffira pour faire de la Nouvelle-Orléans un des trois ou quatre grands *emporiums* du monde,
ou pour la faire tomber dans une décadence relative.

IV.

Après le premier détour du fleuve, en aval de la Nouvelle-Orléans,
la ville disparaît derrière un rideau de cyprès, et bien qu'on soit
encore à 180 kilomètres de la mer, on pourrait s'y croire transporté,
tant le Mississipi ressemble à un vaste canal serpentant entre deux
îles maritimes; la brise âpre et salée se fait déjà sentir, les nuages
se superposent en strates régulières comme en plein Océan, et les
grands oiseaux de mer volent par bandes à l'encontre du vent. Bientôt les plantations deviennent plus petites et plus clair-semées, les
rives cessent d'être mises en culture, l'horizon de cyprès se resserre

des deux côtés, et les longues chevelures de mousse viennent tremper dans l'eau jaunâtre. Là commence cette remarquable péninsule
d'alluvions qui sert de gaîne au fleuve et le projette au milieu du
golfe. Cette gaîne a 4 ou 5 kilomètres de largeur moyenne seulement, et les cyprès du bord, au lieu de s'étendre en vastes forêts,
ne forment qu'une bande étroite le long du Mississipi; derrière
cette bande se cachent les savanes marécageuses ou prairies tremblantes que l'eau boueuse du golfe découpe en *bayous* et en îlots.

Le sol de ces marais ou prairies tremblantes se compose presque
tout entier de débris végétaux. Pendant la belle saison, quand les
herbes ont été complétement desséchées par le soleil, les chasseurs y mettent le feu, et souvent l'incendie dévore le sol jusqu'à
plusieurs pieds de profondeur sans laisser aucun résidu terreux.
C'est un spectacle admirable qu'un feu de prairie, surtout quand
par une nuit sombre on le contemple du haut d'un bateau à vapeur
montant ou descendant le fleuve. Tout un côté de l'horizon semble
en feu, car c'est la terre elle-même qui flambe; la cyprière, qui déploie son épais rideau d'arbres entre le fleuve et la prairie, se détache en noir sur l'atmosphère embrasée; le Mississipi lui-même
semble rouler du métal, et des reflets plombés passent sur les vagues pesantes. Les arbres de la rive opposée à l'incendie agitent
leurs bras comme de gigantesques fantômes éclairés des feux de
l'enfer, et derrière ces arbres l'horizon resplendit de lueurs rouges
comme la lave. De toutes parts, l'eau, le ciel et la terre semblent
vomir des flammes, et l'on se croirait perdu sur une île de ténèbres
au milieu d'un océan de feu.

Avec les siècles, les prairies tremblantes deviendront de magnifiques formations houillères, et déjà sur plusieurs points les
mousses et les herbes qui y croissent sont changées en tourbe. Le
sol se compose d'un immense entrelacement de troncs, de branches
et de racines que l'eau boueuse a consolidés en faisant pénétrer ses
alluvions dans leurs interstices. Les troncs d'arbres déposés en
stratifications régulières sont parfaitement cimentés avec la vase,
et quand M. Élie de Beaumont affirme qu'à son embouchure le Mississipi est porté sur un véritable radeau, ce savant emploie certainement une expression inexacte. Les arbres qui reparaissent parfois
à la surface de l'eau après être restés longtemps engagés dans le
sol ont été tout simplement déchaussés par la force du courant de
la glaise qui les entoure, puis reportés plus loin dans une anse où
une nouvelle boue vient les agglutiner. Cependant il existe des
prairies tremblantes qui flottent en réalité à la surface des eaux;
mais ces prairies se trouvent à l'ouest, sur le bord de la mer ou
des lacs, à une distance assez considérable du fleuve. Ainsi, dans
la région des Attakapas, située sur les bords du *bayou* Têche, an

cienne embouchure indépendante de la Rivière-Rouge, l'eau salée se prolonge au loin dans l'intérieur des terres sous une épaisse couche de végétation qui prend une consistance terreuse et supporte le poids de troupeaux entiers, qui viennent paître sur la prairie mouvante. Là, rien n'indique l'existence de la mer, et cependant il suffit au pêcheur de creuser un trou à travers le tapis de racines pour prendre à la ligne les poissons qui pullulent dans ces eaux invisibles.

A mesure que l'on descend, la péninsule étroite d'alluvions qui sert de lit au fleuve se rétrécit de plus en plus, et les deux rives deviennent de simples plages marines battues par la vague. Du haut d'un navire, on s'aperçoit facilement qu'on est sur un fleuve d'eau douce coulant en pleine mer, et bientôt la véritable côte, restant de plus en plus à l'arrière, finit par disparaître à l'horizon du nord. Les saules remplacent les cyprès sur les bords du fleuve, et leur feuillage, d'un vert pâle, se distingue à peine des eaux jaunâtres (1).

Sur une longueur d'environ 100 kilomètres à partir de la Nouvelle-Orléans, on descend ainsi entre deux étroites bandes de terre qui sont à la fois des rives fluviales et des plages marines. Enfin on arrive à l'endroit où le Mississipi s'étale en une espèce de lac et se divise en plusieurs branches. Suivant la pittoresque expression de M. Élie de Beaumont, ces branches sont ouvertes sur la mer en forme de *patte d'oie* ou plutôt en forme de patte d'oiseau grimpeur, car les doigts ne sont nullement palmés ; un Hindou pourrait aussi les comparer à une fleur immense entr'ouvrant sur l'Océan sa corolle dentelée. Chacune des embouchures est séparée de l'autre par un golfe dont les plages sont encore plus étroites que celles du fleuve principal avant son épanouissement en branches distinctes. Dans quelques endroits, ces plages ont quelques mètres de largeur seulement, et pendant les tempêtes les vagues de la mer vont déferler jusque dans le fleuve par-dessus le cordon littoral. Là, le sol devient complétement spongieux ; il n'est plus assez ferme pour que les racines des saules puissent s'y implanter, et l'unique végétation est celle des grands roseaux (*miegea macrosperma*), dont les racines fibreuses donnent un peu de cohésion à la vase, et l'empêchent d'être délayée et dissoute à chaque nouvelle marée. Plus loin, les roseaux disparaissent à leur tour, et les rives de boue se forment, s'engloutissent, se reforment, errant pour ainsi dire entre le fleuve et la mer au gré des vents et des flots.

(1) C'est dans cette partie du cours qu'une nouvelle embouchure de 100 mètres de largeur et de 22 mètres de profondeur moyenne s'est ouverte tout à coup. Pour éviter l'énorme détour des passes et arriver plus vite à la baie de Barataria, quelques pêcheurs d'huîtres avaient creusé un petit canal à travers la vase ; mais pendant une nuit d'orage le fleuve emporta les écluses, et se forma une nouvelle embouchure connue maintenant sous le nom de *jump* (saut).

Il y a maintenant quatre passes principales, celles du sud-ouest, du sud-est, du nord-est, et la passe à l'Outre, qui est une ramification de la précédente. C'est tantôt l'une, tantôt l'autre de ces passes qui devient la véritable embouchure, et le fleuve les reprend et les délaisse tour à tour. En effet, on comprend que le Mississipi, après avoir allongé considérablement sa maîtresse-embouchure par les alluvions qu'il charrie, cherche une autre bouche plus courte et par conséquent plus inclinée pour y déverser la masse de ses eaux; quand cette nouvelle bouche est également projetée trop avant dans la mer, le fleuve se rejette de nouveau à droite ou à gauche pour se frayer une troisième issue. Ainsi, lors des premières tentatives de colonisation en Louisiane, la passe du sud était la principale. Il y a cent quarante ans, du temps de l'ingénieur Pauger, elle avait encore dix pieds de profondeur, et maintenant c'est à peine si elle roule assez d'eau pour faire flotter une pirogue; on peut dire qu'elle a cessé d'exister. A la passe du sud succéda en importance celle du nord-est, où les pilotes fondèrent le célèbre village de la Balize. La masse d'eau de cette passe diminue tous les ans; en 1853, elle n'avait plus que 2 mètres 1/2 d'eau sur la barre, et les petits caboteurs seuls osaient s'y aventurer. Depuis 1843, la passe du sud-ouest est devenue la véritable bouche du fleuve, celle dont presque tous les gros navires tâchent de forcer l'entrée. En 1853, elle avait 6 mètres d'eau; mais elle diminue constamment de profondeur, tandis que celle de la passe à l'Outre augmente dans la même proportion. Il est probable que cette dernière finira par devenir le vrai Mississipi; elle a déjà quatre mètres d'eau sur la barre, et, pour éviter un grand détour, presque tous les bateaux à vapeur qui font le commerce entre Cuba, les Florides et la Nouvelle-Orléans en tentent le passage.

La passe du sud-est en amont de la barre sert d'avant-port à la Nouvelle-Orléans, et les navires à voiles y attendent les remorqueurs qui doivent leur faire remonter le fleuve. Sur la rive gauche, on a déposé aussi délicatement que possible les maisons en planches d'un petit village auquel on donne par habitude le nom de la Balize, comme à l'ancien village de la passe du nord-est. Ces maisons sont si légères et le sol qui les supporte est si mouvant, qu'on est obligé de les ancrer comme des navires, de peur qu'un ouragan ne les emporte, et cependant la force du vent les fait quelquefois chasser sur leurs ancres. Là, tout est vase; la terre ressemble à la mer, tant elle est inondée; la mer ressemble à la terre, tant elle est parsemée de boue; au-dessus de ce chaos, l'esprit créateur n'a pas encore volé. Le fond du Mississipi lui-même est composé d'une vase presque liquide; les navires qui ont un tirant d'eau de 6 mètres peuvent passer sur la barre, qui n'a pourtant que 5 mètres de profondeur;

on a vu des navires la traverser sans autre secours que celui de leurs voiles, bien que leur coque restât engagée de plus de 2 mètres dans la boue sur l'espace d'un kilomètre.

Le spectacle de la Balize est étrange : les remorqueurs s'élancent vers la mer, s'attachent aux navires échoués sur la vase, les traînent en grondant par-dessus la barre, puis, lâchant leur prise, vont en pleine mer en capturer une autre. Sur le fleuve, de grands bâtimens, groupés quatre par quatre et rattachés ensemble par de forts câbles, semblent remonter le courant sous la pression d'une force mystérieuse; mais les souffles de vapeur et les sourds mugissemens qui s'échappent du milieu de ces navires annoncent le remorqueur imperceptible qui les entraîne, caché derrière les coques et les mâtures. L'œil, cherchant un point d'appui sur la vaste étendue des terres et des eaux boueuses, s'arrête forcément sur ces flottilles poussées par les petits remorqueurs aux vives allures. Tout devient gigantesque au-dessus de cet horizon bas et déprimé; les navires paraissent énormes, et les mâts semblent se dresser jusqu'à une hauteur impossible.

En aval de la barre, les rives du Mississipi se réduisent à un cordon de vase rougeâtre, coupé de distance en distance par de larges coulées transversales; plus loin, ce cordon même vient à manquer, et les bords du fleuve sont indiqués par des îlots de plus en plus rares qu'on dirait les crêtes de dunes sous-marines; bientôt le sommet de ces îlots ressemble à une légère pellicule jaunâtre qui flotterait à la surface des eaux; enfin toute trace de la rive disparaît, et l'eau vaseuse peut s'épandre librement sur la mer. Pendant une vingtaine de kilomètres après avoir franchi la barre, cette nappe d'eau qui fut le Mississipi conserve encore sa couleur jaunâtre; mais elle perd en profondeur ce qu'elle gagne en surface, et, déposant peu à peu les matières terreuses qu'elle contient en suspension, finit par se mélanger entièrement avec les eaux de la mer : c'est là qu'est sa véritable embouchure. Cependant cette nappe d'eau ne s'étend librement que vers l'est, car du côté du sud et de l'ouest elle est limitée par le courant du golfe qui vient frapper contre elle et la rejette à gauche vers les rivages de la Floride et de l'Alabama. La ligne de démarcation qui sépare le courant fluvial du courant maritime est droite, inflexible et comme tirée au cordeau d'un horizon jusqu'à l'autre horizon; vue du Mississipi, la ligne bleue de la mer contraste tellement avec l'eau jaune déversée par le fleuve que l'on croirait voir une terre lointaine, et quand on est sur la haute mer, l'étendue jaune que l'on voit au nord semble un brouillard épais reposant sur les flots.

Malgré le peu de consistance de la vase, les navires courent souvent un grand danger en traversant la barre, car dès qu'ils ont touché, le vent, la marée, le courant, peuvent les entraîner de plus en plus vers la terre. En même temps le mouvement de la quille soulève et livre au courant les particules les plus ténues de la vase, tandis que le gros sable reste et finit par se cimenter autour de la carène. Souvent il est impossible de renflouer les navires échoués; il ne reste plus qu'à les dégager de leurs cargaisons et à dépecer leurs membrures. Le capital qui se perd chaque année dans les vases du Mississipi est très considérable.

Il y a longtemps qu'on parle d'améliorer l'embouchure du fleuve; mais les travaux entrepris jusqu'à ce jour sont insignifians. Les états atlantiques ont toujours eu la prépondérance dans le congrès et se sont refusés à voter un budget favorable à leurs frères du Mississipi; New-York a tenu rigueur à la Nouvelle-Orléans. D'ailleurs il n'est peut-être pas bien regrettable que les millions n'aient pas encore été votés, car les ingénieurs sont loin de s'entendre sur les travaux à faire, et les subventions du congrès n'auraient peut-être servi qu'à enrichir des spéculateurs de mauvaise foi. Pour améliorer l'embouchure du Mississipi, on s'est borné à envoyer quelques bateaux dragueurs sur la barre : c'est entreprendre la tâche de Sisyphe. On a calculé que pour enlever la vase déposée journellement par le Mississipi, il faudrait entretenir une flotte de sept cent cinquante dragueurs de la force de 500 chevaux chacun, et quand même ces 325,000 chevaux-vapeur seraient constamment à l'œuvre, il n'y aurait encore rien de fait; seulement la vase déplacée irait à un ou deux kilomètres plus loin former une autre barre semblable à la première.

Quelques ingénieurs font une proposition qui séduit au premier abord par sa grande simplicité, mais qui n'aboutirait probablement pas au résultat attendu. Il suffirait, disent-ils, d'entretenir à la Balize quatre ou cinq bateaux à vapeur dont la seule mission serait de traverser et de retraverser la barre dans tous les sens, afin de tenir l'eau dans une constante agitation, soulever les vases déposées sur le fond et prévenir la précipitation de nouvelles boues. On a remarqué en effet qu'après le passage de plusieurs navires la barre devient momentanément plus profonde, parce que la vase soulevée autour de la quille a été entraînée dans le courant. Quand un navire reste à l'ancre au milieu des boues du fleuve, le mouvement qu'il imprime à la masse semi-liquide du fond suffit pour dissoudre peu à peu cette masse et creuser une espèce de fossé dans la barre; c'est ainsi qu'une *flûte* laissée en 1724 à la Balize par la compagnie française des Indes affouilla insensiblement le fleuve jusqu'à une profondeur de 8 mètres. Il est facile de reproduire cette expérience sur une petite échelle en posant une pierre ou tout autre objet sur le sable humide de la plage; aussitôt la vague viendra fouiller le

sable et creuser un petit sillon autour de cet objet. Il est donc certain que le passage continuel des bateaux agitateurs approfondirait
l'embouchure; mais n'en résulterait-il pas aussi que le sable grossier finirait par occuper seul le fond de la barre au point d'empêcher complétement le passage des navires qui la toucheraient de
leurs quilles? La barre serait plus profonde, mais aussi plus dange-
reuse. Du temps du gouverneur Bienville, la compagnie des Indes
fit traîner de grandes herses de fer sur le fond mouvant du fleuve;
mais les particules plus dures de la vase finirent par former un
corps solide, et si le travail n'avait pas été interrompu, la barre
aurait pris la consistance du roc, et les gros navires auraient été
exposés à s'y briser comme sur un écueil.

Que faudrait-il faire en définitive, demande M. Ellet, pour supprimer la barre du Mississipi? Supprimer les alluvions, empêcher
que la masse de boue arrive jusqu'à l'embouchure actuelle, c'est là
ce que proposerait l'ingénieur. M. Ellet offre de rejeter, au moyen
d'un canal, le fleuve tout entier dans le Lac-Borgne, et alors il ne
doute pas que la force de la vague marine, se précipitant dans l'ancien lit, n'ait bientôt balayé la barre et recreusé le fleuve pour s'en
faire un golfe. L'avenir montrera s'il a raison. « Les difficultés de
ce plan sont grandes; mais les millions, dit-il, ne sauraient être
mieux employés qu'à donner au grand Mississipi une embouchure
digne de lui. » Dernièrement deux ingénieurs de New-York se sont
engagés à donner à la passe à l'Outre ainsi qu'à la passe du sud-
ouest une largeur de 100 mètres et une profondeur moyenne de
vingt pieds. On les verra peut-être à l'œuvre.

Le progrès des bouches du Mississipi vers la haute mer est extrêmement variable. Vers le commencement du siècle dernier, la passe
du sud-est avança de deux lieues dans l'espace de vingt ans, et le
village de la Balize, qui se trouvait d'abord placé sur une île à une
demi-lieue en avant de la barre, finit par être situé à une lieue et
demie en amont. M. Élie de Beaumont affirme que, depuis le commencement du siècle, l'embouchure du Mississipi se projette chaque
année de 350 mètres plus avant dans la mer; mais s'il parle de la
passe du sud-est, qui, jusqu'en 1820, a été la principale embouchure, les faits sont loin de confirmer sa donnée, car la comparaison
de la carte de l'auger, faite en 1723, et de la carte de la commis-
sion hydrographique américaine, faite en 1852, établit que pendant
cet espace de temps la barre s'est avancée de 6 milles seulement,
c'est-à-dire d'environ 75 mètres par an, quatre ou cinq fois moins
que la vitesse de progression admise par M. Élie de Beaumont. Encore cette vitesse ne saurait-elle être considérée comme le taux
moyen du progrès du delta, car le fleuve choisit alternativement
l'une ou l'autre des passes pour en faire l'embouchure principale,

et l'une après l'autre les passes délaissées restent stationnaires. En réalité, le progrès du delta mississipien tout entier ne doit pas être évalué à plus de 20 mètres par an ou 2 kilomètres par siècle.

Les calculs établis sur la marche du delta ne peuvent avoir de valeur absolue, puisqu'ils reposent tous sur une hypothèse inexacte, celle de la régularité parfaite des divers phénomènes pendant une longue suite de siècles. Quelques expériences, faites avec le plus grand soin dans le courant d'une cinquantaine d'années, ne nous autorisent point à conclure sur l'économie du fleuve pendant les milliers de siècles écoulés : pour cela, il faudrait aussi que le volume des eaux, la vitesse du courant, la quantité des alluvions, fussent toujours restés les mêmes. Bien loin de là, les fleuves ont, comme tout ce qui vit, comme les arbres et les animaux, leur période d'accroissement et leur période de décadence. Il en est qui naissent : ainsi la Tornéa s'allonge graduellement à mesure que la Finlande et la Scandinavie émergent de l'Océan; plus tard, elle recevra dans son lit les diverses rivières qui se déversent maintenant dans le golfe de Bothnie, et finira par se réunir à la Néva, à l'embouchure du golfe de Finlande. Il est aussi des fleuves qui se meurent, les Deria de Tartarie, le Jourdain, le Desaguadero. Il en est d'autres qui ont cessé d'exister, tels que les fleuves sans eau de l'Égypte et du Sahara. Le soulèvement des montagnes, l'émergence ou la dépression des continens, leur lente précession autour du globe, semblable à la précession des équinoxes, la direction des vents, et leur capacité d'absorption pour l'humidité, créent ou détruisent les fleuves à la longue. Ainsi le Mississipi, tout en allongeant son cours par suite de l'émergence de son continent et du dépôt de ses alluvions, diminue nécessairement d'importance dans l'économie terrestre à mesure que les pics des Montagnes-Rocheuses se haussent pour arrêter au passage les vapeurs de l'Océan-Pacifique. Il nous est donc impossible aujourd'hui de savoir d'une manière exacte l'ancienneté du delta. Cependant les calculs établis sur l'âge minimum des alluvions fluviales sont relativement très utiles : ils nous font assister aux conquêtes graduelles de la terre sur l'Océan; ils pourront nous guider plus tard à de plus vastes calculs sur l'âge de toutes les couches sédimentaires; mais surtout ils agrandissent notre horizon. Bien au-delà des siècles bibliques, ils nous montrent ces mêmes flots jaunâtres saturés de la même argile, tamisant leurs îlots et rejetant leurs troncs d'arbres sur le bord du même golfe; ils nous font assister à la vie du globe alors que, suivant la tradition juive, la terre était encore informe et vide. Pour computer l'âge minimum du delta et de la plaine qui s'étend depuis l'embouchure de l'Ohio jusqu'à la mer, le géologue Lyell a pris la seule méthode convenable : il a évalué la masse probable des dépôts d'alluvions

pour savoir combien il avait fallu de siècles au Mississipi pour déposer cette énorme quantité de boue et d'argile. Malheureusement
les données qu'il a pu recueillir lors de son voyage étaient loin
d'être complètes. Il suppose que le Mississipi charrie seulement
3 mètres cubes de boue par seconde, tandis qu'il en roule au moins
6 mètres, en admettant que le fleuve tienne en suspension la
3000° partie seulement de son volume en matières terreuses. Peut-
être aussi M. Lyell donne-t-il à la plaine qui s'étend de l'embouchure
de l'Ohio jusqu'à celle de la Rivière-Rouge une profondeur trop considérable, et, partant de ces évaluations erronées, il trouve que le
remplissage du delta a dû employer pour le moins 100,500 années.

L'ingénieur Ellet, qui mieux que personne au monde a étudié le
Mississipi, tombe dans l'excès contraire : il trouve que la masse des
alluvions aurait pu être déposée dans le court espace de temps de
22,222 ans; mais cette évaluation trop faible provient de ce qu'il
donne aux détritus du delta inférieur une épaisseur moyenne de
45 mètres seulement. Au contraire, tous les sondages attestent que
la couche d'alluvions est pour le moins épaisse de 200 mètres; à
cette profondeur, les ingénieurs du puits artésien de la Nouvelle-
Orléans n'ont trouvé que de l'argile bleue alternant avec des couches de sable, des troncs d'arbres, des lits de *gnathodon cuneatus*,
coquillages semblables à ceux que l'on trouve en si grande quantité
dans les eaux du Lac-Borgne, et rien n'annonçait que la sonde fût
sur le point d'atteindre encore le fond solide. De même une ligne
tirée de la pointe méridionale de la Floride à l'embouchure du
Mississipi, ligne où déjà les atterrissemens sont très considérables,
indique une profondeur moyenne de 200 mètres. Ainsi nous pouvons admettre que l'épaisseur totale de la couche d'alluvions du
delta inférieur atteint et dépasse probablement 200 mètres : en
admettant cette épaisseur pour notre évaluation, nous trouverons
que le dépôt des détritus alluvial a nécessité une période de plus
de 55,000 ans (1). De même, en calculant l'ancienneté du corps

(1) La superficie du bas delta est de 35,225 kilomètres carrés. Pour le former, il a
donc fallu 7,015,000,000,000 mètres cubes d'alluvions. La plaine de l'Ohio à la Rivière-
Rouge s'étend sur une superficie d'environ 70,000 kilomètres carrés. La profondeur
des dépôts peut y être évaluée en moyenne à 50 mètres. Pour remplir cette plaine, il a
donc fallu 3,500,000,000,000 mètres cubes, ce qui pour la plaine et le delta nous donne
un total de 10,515,000,000,000 mètres cubes d'alluvions. Or le fleuve roule en moyenne
18,038 mètres cubes d'eau par seconde, et si les matières terreuses forment, comme le
veulent MM. Riddell, Tyler, Ellet et d'autres, la 3,000° partie des eaux du fleuve, le
dépôt de boue qui se forme à l'embouchure doit être de 6 mètres cubes par seconde,
ou de 101,000,000 mètres cubes par an. A ce taux il a fallu au moins 55,017 années
pour que le Mississipi, ce rude travailleur, pût remplir son vaste delta, égal à la cinquième partie de la France en étendue, et jeter dans le golfe du Mexique les bases
d'un delta futur.

d'Indien trouvé dans le sol à une très grande profondeur au-dessous
de l'usine à gaz de la Nouvelle-Orléans, on a prouvé que les forêts
superposées l'une au-dessus de l'autre dans le sol ont dû se succéder pendant 57,000 ans au moins depuis la mort du sauvage.
Cette coïncidence tout imprévue ne laisse pas d'être remarquable.

Nous voilà bien loin de l'âge de cinq ou six mille ans que la théorie célèbre de M. Élie de Beaumont attribue aux deltas, et cependant le Mississipi est tellement actif que pour élever à son embouchure une île d'un kilomètre de côté et d'une profondeur moyenne
de 200 mètres, il lui suffirait d'un an et de quelques jours. Si le
delta n'avance en moyenne que d'une vingtaine de mètres, c'est
évidemment parce que la grande masse de ses alluvions va se perdre dans le fond du golfe du Mexique. Combien d'îlots de vase les
vagues n'ont-elles pas démolis pour en répandre les débris sur les
côtes depuis la Balize jusqu'au cap Sable, et comment pourrait-on
savoir maintenant la masse de ces alluvions emportées par le courant des Florides? Un jour, quand on connaîtra parfaitement la superficie, la profondeur du delta, le débit moyen des eaux et des matières solides qui les saturent, les calculs actuels seront modifiés
sans aucun doute. Les belles cartes de M. Franklin Bache contri-
bueront à nous faire obtenir ce résultat.

Il ne nous reste plus à parler que du système employé pour lutter contre les envahissemens de ce puissant fleuve, et dont nulle
part mieux que dans la partie maritime de son cours on ne peut
apprécier les inconvéniens. Ce système consiste en des levées d'une
longueur de plusieurs centaines de kilomètres construites sur ses
bords. Or, loin d'empêcher les inondations, ces levées ne servent
qu'à les rendre plus imminentes. Autrefois les débordemens du
fleuve étaient périodiques : l'eau de crue s'épanchait par-dessus
les rives, amortissait la force du courant dans les racines entre-
lacées et les herbes des marécages, déposait toute la vase qu'elle
tenait en suspension, et peu à peu descendait vers la mer par les
bayous du delta, limpide et clarifiée. A mesure que le delta s'allon-
geait et que le fond du lit s'élevait, les alluvions se répartissaient à
droite et à gauche sur les campagnes, exhaussaient le niveau du
sol et formaient des levées naturelles bien plus solides et durables
que les levées artificielles de nos jours. Le mal portait son remède
avec lui, et si le fond haussait, les rives haussaient en proportion.
Aujourd'hui les digues latérales empêchent l'eau des crues de se
déverser dans les campagnes : toutes les alluvions restent forcément dans le courant, et ne peuvent plus se déposer qu'à l'embouchure même. Aussi le progrès du delta vers la mer s'opère-t-il
plus rapidement qu'autrefois; le lit s'élève en proportion pour ré-

gulariser la pente du Mississipi, les inondations augmentent de hauteur, et, sous peine de voir de terribles crevasses ravager le pays, il faut sans relâche donner également plus de hauteur aux levées, qui s'étendent déjà sur une longueur de plus de 800 kilomètres à droite et à gauche du fleuve. Ainsi on endigue les bords, afin de prévenir les inondations, et les digues elles-mêmes sont des causes d'inondation; plus elles sont élevées, plus il est nécessaire de les élever encore : il est impossible de sortir de ce cercle vicieux. A la longue, il faudrait construire des levées semblables à celles de l'Hoang-Ho ou du Pô près de Ferrare, et les construire jusqu'à 25 mètres et plus encore au-dessus du niveau de la plaine. Les anciennes levées, dont on trouve les restes dans la campagne à une certaine distance du bord, étaient beaucoup plus basses que les nouvelles; en quelques endroits, la différence de hauteur s'élève à 2 mètres. Cette différence ne saurait provenir d'un tassement du sol, car les retranchemens et les remblais peuvent se conserver pendant des milliers d'années sans que l'élévation en diminue d'une manière appréciable. Les anciennes levées du Mississipi ont encore une forme aussi régulière et des côtés aussi égaux qu'à l'époque même de la construction.

Une autre cause, provenant aussi du travail de l'homme, menace le sort des levées dans la Basse-Louisiane : cette cause est l'assèchement graduel des immenses marécages qui s'étendent à droite et à gauche du Mississipi dans la partie moyenne de son cours. On a vu que le fleuve déverse dans ces marécages environ 40 pour 100 de la masse totale de ses eaux, et n'en reçoit le résidu que deux ou trois mois après le passage de l'inondation, alors que le niveau des marécages est à son tour plus élevé que celui du fleuve. Si toute cette masse d'eau, équivalente à près de la moitié d'un autre Mississipi, ne pouvait pas s'épancher par-dessus la rive dans les marais, le lit du fleuve dans la Basse-Louisiane serait incapable de la contenir, et tout serait ravagé : campagnes, villes, populations seraient emportées et vomies dans la mer du Mexique. Eh bien! cette terrible catastrophe se prépare, mais elle se prépare graduellement, de manière à donner à l'homme le pouvoir de l'éviter. En effet, l'agriculture se développe chaque jour sur les bords du Mississipi moyen : beaucoup de marais sont asséchés, d'autres sont défendus contre les inondations par des levées nouvelles; l'eau qu'ils absorbaient pendant la crue reste maintenant dans le fleuve et descend vers la Nouvelle-Orléans avec une vitesse de 8 kilomètres et même parfois de 11 kilomètres à l'heure. C'est un déluge qui s'abat.

On suppute en général que la tranche d'eau de pluie tombant annuellement dans le bassin du Mississipi est de 1 mètre; mais la rareté des pluies dans le grand désert de l'ouest nous fait supposer que cette estimation est trop élevée : le chiffre de 80 centimètres nous semble plus rapproché de la vérité. De cette quantité d'eau tombant dans son bassin, le Mississipi reçoit environ 10 centimètres, c'est-à-dire la huitième partie; le reste se perd dans les marécages et les forêts, ou bien s'évapore de nouveau après être tombé. Mais supposons que, par suite de l'asséchement des marécages, seulement 1 centimètre d'eau de plus soit entraîné dans le Mississipi pendant la période de l'inondation : ce ne serait que la quatre-vingtième partie de l'eau totale qui tombe dans le bassin, et cependant, répartie sur les soixante jours de la crue, cette augmentation fournirait au Mississipi de 10,000 à 11,000 mètres cubes de plus par seconde, assez pour engloutir toute la Basse-Louisiane.

Pour résister à l'énorme masse d'eau recueillie dans le vaste bassin qui s'étend des Rocheuses aux Alleghanys, les levées semblent bien faibles : à peine assez hautes pour que l'inondation probable n'en dépasse pas la crête, elles ont les côtés inclinés sous un angle de quarante-cinq degrés, et quand elles sont tant soit peu minées dans la partie inférieure, elles s'écroulent d'elles-mêmes. Imposantes par la hauteur à laquelle elles s'élèvent dans les endroits dangereux, et qui les fait ressembler alors à de véritables fortifications, elles sont en d'autres endroits si mal construites que des colonies de rats musqués en font justice, et les percent dans tous les sens de leurs galeries souterraines. Il n'est pas un canal au monde dont les berges ne soient plus larges et plus solides que les digues qui doivent contenir le puissant Mississipi. Maintenant les propriétaires riverains sont chargés de l'entretien des levées, et le gouvernement les aide quand il s'agit d'une réparation urgente. Ce soin, si important pour la sécurité publique, devrait être confié à d'autres mains que celles de propriétaires souvent obérés; il est probable qu'une compagnie à laquelle on concéderait une double ligne de chemin de fer sur les bords du fleuve serait dans son propre intérêt meilleure gardienne de l'intérêt général.

Là cependant n'est pas la véritable solution du problème des envahissemens du Mississipi. Sur tous les points du monde, en France comme en Chine, en Italie comme aux États-Unis, il est à croire que les inondations seront tôt ou tard réprimées de la même manière par l'établissement d'un système de réservoirs jouant dans l'économie des fleuves le même rôle que le volant dans la mécanique. Les dernières inondations de la France ont ouvert tous les yeux sur cet important sujet, et l'idée énoncée par M. Rozet de saisir à la gorge tous les torrens au sortir de leurs cirques de montagnes et d'en régulariser le débit par des digues criblantes a trouvé tous les esprits préparés à l'admettre. Nous avons vu que, depuis quinze ans, M. Ellet propose une opération analogue pour régula-

riser le cours de l'Ohio et de tous ses affluens. Pour diminuer la violence des inondations du Mississipi, il suffirait aussi de creuser un
autre lit au fleuve à quelques kilomètres au-dessous de la Nouvelle-
Orléans et de le diriger en droite ligne vers le Lac-Borgne : aussitôt
le niveau des crues, qui maintenant est de 4 mètres plus élevé que
celui de la mer, baisserait de toute sa hauteur; le fleuve, pour régulariser sa pente, recreuserait lui-même son lit en amont de l'embouchure, et les levées de la Basse-Louisiane cesseraient d'être continuellement en danger.

On devrait faire également ce qu'on a fait en Hollande et ailleurs
sur une moindre échelle : former à droite et à gauche du fleuve de
vastes bassins de colmatage où les eaux de crue viendraient déposer
leurs alluvions. Chaque nouvelle inondation déposerait une nouvelle
couche de terre fertile, et c'est ainsi que peu à peu se formerait une
digue indestructible déposée par le Mississipi lui-même. Tout progrès industriel et agricole consiste à utiliser au profit de l'homme
les forces dangereuses de la terre, à dompter la nature indisciplinée,
à faire servir pour son bonheur tout ce qui semblait créé pour asservir l'humanité. Ces forêts profondes où l'on respire la mort avec
l'humide parfum des plantes doivent être assainies, ces marécages
d'où s'exhale une fiévreuse atmosphère doivent être comblés, ce
fleuve menaçant dont le planteur regarde avec inquiétude le courant rapide doit être muselé. Il faut que bientôt le doigt de l'homme
puisse guider le Mississipi et le faire serpenter à sa guise à travers
le continent comme un précieux auxiliaire, et non plus comme un
ennemi.

Telle est en résumé l'histoire de ce magnifique cours d'eau que
les poètes ont si bien nommé le père des fleuves, ce Mississipi qui,
depuis les sources du Missouri jusqu'à la mer, a 7,000 kilomètres
de longueur, reçoit les eaux d'un bassin de plus de 2 millions de
kilomètres carrés et déverse dans le golfe un volume de liquide va-
riant de 15,000 à 30,000 tonneaux par seconde. C'est là ce fleuve
que l'un des premiers gouverneurs de la Louisiane disait n'être pas
même capable de faire flotter une pirogue d'Indiens; maintenant
750 bateaux à vapeur, portant des marchandises pour une valeur de
3 milliards de francs, naviguent sur les 13,000 kilomètres de développement total qu'il offre avec ses branches et ses affluens. Et
cependant le commerce du Mississipi est dans l'enfance. Quelques-
unes des provinces riveraines, telles que l'Iowa, l'Illinois et le Missouri, compteront bientôt parmi les points industriels et agricoles
les plus importans du monde, et c'est là que se trouvera le centre
politique autour duquel graviteront les destinées sociales de tout le
continent nord-américain. Déjà le centre de population de la répu-

blique fédérale se trouve sur les bords de l'Ohio et se rapproche continuellement de l'ouest. En même temps le commerce, l'industrie,
la richesse, se déroulent, comme la population, le long des rives de
l'Ohio, vers ce point de croisement où l'Ohio, le Missouri et le Haut-
Mississipi viennent se rencontrer, et vers lequel les grands lacs
du Canada, véritable Méditerranée de l'Amérique du Nord, projettent comme un golfe les eaux du Michigan. Aujourd'hui la population de la plaine du Mississipi est de quatorze millions d'habitans;
en 1900, elle sera de cinquante millions. Peut-on fixer des limites
aux progrès fabuleux de l'Amérique du Nord alors qu'on y voit pousser les hommes, comme si un nouveau Deucalion y semait les os
de sa mère, par mille et par millions, alors que la solitude d'hier
devient la cité d'aujourd'hui, et que le silence morne du désert fait
soudain place au mugissement de la vapeur et au roulement des
chars? Il me semble voir dans le Mississipi comme un grand chêne
dont chaque branche portera son peuple toujours en mouvement;
j'entends bruire dans ses rameaux comme un tumulte de nations
futures.

Les cours d'eau n'ont plus aujourd'hui leur antique importance,
car ils ne sont plus les seules voies de communication entre les peuples. Aucun fleuve ne sera désormais ce qu'était le Nil pour les
Égyptiens, à la fois le père et le dieu, celui qui faisait naître les
peuples, les récoltes et la civilisation dans sa vase échauffée par les
rayons du soleil. Aucun autre Gange aux ondes sacrées ne coulera
désormais sur la terre, car l'homme n'est plus l'esclave de la nature.
Il peut se créer des chemins artificiels plus courts et plus rapides
que les chemins naturels, et la seconde nature, plus vivante, qu'il
se crée par le travail de ses mains, le dispense d'adorer la première
nature, qu'il vient d'asservir. Le Mississipi néanmoins sera plus important comme esclave qu'il ne l'aurait jamais été comme dieu. Il
apporte sans cesse au sud les produits, les navires, les eaux, les
alluvions et le climat du nord; il sert d'artère centrale à tout cet
organisme de montagnes, de vallées et de plaines où vont se parse-
mer les villes par milliers et les hommes par millions; comme le
sang, il peut aussi recevoir le nom de chair liquide. Il vivifie l'Amérique du Nord par son mouvement, la sculpte par ses érosions,
la complète par son delta toujours envahissant. Un jour, il sera le
grand travailleur dont l'homme se servira pour tailler une nature à
sa guise; il rongera les collines, remplira les lacs et jettera des péninsules dans la mer pour obéir à nos ordres. Son éternelle et puissante vie deviendra le complément de la nôtre.

ÉLISÉE RECLUS.

9 782016 156148